高等院校特殊教育新形态教材

培智学校
生活适应教学法

主 编／林海燕 向仪洪

重庆大学出版社

图书在版编目(CIP)数据

培智学校生活适应教学法 / 林海燕,向仪洪主编.
重庆:重庆大学出版社,2024.8. -- (高等院校特殊教
育新形态教材). -- ISBN 978-7-5689-4726-8

Ⅰ.G764

中国国家版本馆 CIP 数据核字第 2024RQ8306 号

培智学校生活适应教学法
PEIZHI XUEXIAO SHENGHUO SHIYING JIAOXUEFA
林海燕　向仪洪　主编
策划编辑:陈　曦
责任编辑:陈　曦　　版式设计:张　晗
责任校对:刘志刚　　责任印制:张　策
＊
重庆大学出版社出版发行
出版人:陈晓阳
社址:重庆市沙坪坝区大学城西路 21 号
邮编:401331
电话:(023) 88617190　88617185(中小学)
传真:(023) 88617186　88617166
网址:http://www.cqup.com.cn
邮箱:fxk@cqup.com.cn(营销中心)
全国新华书店经销
重庆市国丰印务有限责任公司印刷
＊
开本:787mm×1092mm　1/16　印张:11.5　字数:199 千
2024 年 8 月第 1 版　　2024 年 8 月第 1 次印刷
ISBN 978-7-5689-4726-8　定价:48.00 元

前　言

基于国内缺少专门针对培智学校生活适应教育理论和操作实践书籍的情况,特此编著本书——《培智学校生活适应教学法》。它是适合特殊教育(师范)专业师范生培养需求的教材,填补了国内特殊教育(师范)专业教材的空白,也将对特殊教育(师范)专业的发展起到推动作用。

《培智学校生活适应教学法》包含生活适应课程概说、教学设计、教学实施3个模块,包括10个学习项目(单元)、32个知识点和技能点。本书对照《特殊教育专业教师标准(试行)》《特殊教育专业师范生教师职业能力标准(试行)》要求,对接人民教育出版社出版的培智学校义务教育实验教科书《生活适应》,围绕教师岗位"教学设计""教学实施"两项典型工作任务,融入"理想信念、立德树人、师德准则"等思政元素与政策法规,引用典型案例,介绍了培智学校生活适应课程教育的基本理论和教学技术,旨在使本书的学习者获得培智学校生活适应课程教育教学必备的素养、知识与能力。

《培智学校生活适应教学法》具有如下特点。一是就业导向。以社会需求为目标,以职业素养和职业能力培养为本位,以岗位真实工作任务为内容,贴合岗位工作情境,突出实操实用。二是形式新颖。采用模块化项目式的设计与应用,适应职业教育发展理念,每一个学习任务采用任务引导、任务目标、任务描述、任务实施、实训任务进行设计,提高学习者分析问题、解决问题的能力。三是特色鲜明。在帮助下学习者理解教育理论,开展教学实践的基础上,增加师德师风、职业理想、家国情怀、政策法规等资源,探索课程思政、赛证融通之路,适应新时代特殊教育专业人才需求。

本书于2019年开始编写,由职业院校《培智学校生活适应教学法》课程任课教师和特殊教育学校专任教师合作,历经四年教学实践编撰而成。四年实践期间,课程任课教师每年针对学生学习反馈与效果评价,不断反思教学、修订大纲与文本,终于在 2023 年底完成书稿。2023 年《培智学校生活适应教学法》课程被认定为"湖南省职业教育一流核心课程(线下)",并在智慧职教开发了慕课课程。

本书既适合教师教学选用,也方便学生自学使用。在使用时有以下三点建议。一是在使用过程中要紧密对接《培智学校义务教育生活适应课程标准(2016 年版)》。凡是结合人民教育出版社出版的培智学校义务教育实验教科书《生活适应》中的课文进行教学目标设计或教学策略设计或教学过程设计或教学方案编制时,首要任务是分析课程标准,确保教学目标不偏离课程目标要求,因此,《培智学校义务教育生活适应课程标准(2016 年版)》以及人民教育出版社出版的培智学校义务教育实验教科书《生活适应》是本书学习、使用的配套材料。二是在使用过程中可以对各项目任务进行灵活组块处理,组块的大小视学习者的学习能力水平确定。如,模块二项目四中四个课堂教学过程流程图设计任务,可以与模块二项目五中的"形成性练习题设计""教学实施方案编制"两个任务结合起来进行学习,在每学会一种流程图设计之后,便即刻将"课堂教学过程流程图"转换成"教学实施方案",高效提高学习者的课堂教学设计能力。再如,模块三项目一中的"课堂导入""课堂讲授""课堂提问""课堂强化""课堂教学情境创设"五个任务可以组合到"模拟十分钟片段教学"任务中去进行练习,高效提升学习者的课堂教学实操能力。三是在使用过程中可以结合智慧职教慕课课程资源和重庆大学特教平台资源进行学习,满足学习者多样化的学习需求。

本书编写过程中借鉴参考了许多专业前辈和同行的心血,在此深表感谢!同时,也感谢长沙职业技术学院各级领导及重庆大学出版社的大力支持。

由于本书编者水平有限,难免会出现遗漏与不足,恳请广大读者谅解,多提出宝贵意见,以求改进。

编　者

2024 年 3 月

目　录

模块一　培智学校生活适应课程概说

模块二　教学设计

模块三　教学实施

模块一　培智学校生活适应课程概说

📋 模块概述

　　生活适应是培智学校特有的一门课程,以学生当前及未来生活中的各种生活常识、技能、经验为内容,培养学生具有生活自理能力、简单家务劳动能力、自我保护能力和社会适应能力,使之尽可能成为一个独立的社会公民,具有生活性、实践性和开放性特征。本模块从生活适应课程的地位与价值、性质与理念、目标与内容三个方面引导大家学习了解生活适应课程标准与教材等内容。共4学时。

📋 学习目标

素质目标	1.领会特殊教育对学生发展的价值和意义,树立特殊教育职业理想
	2.具有依据课程标准进行教学的意识
知识目标	1.熟悉生活适应课程的课程标准
	2.理解教材的编写逻辑和体系结构
能力目标	能正确处理课标与教材的关系

📋 模块导学

```
                        ┌─────────────────────────┐
                        │ 培智学校生活适应课程的地  │
                        │ 位与价值                 │
                        └─────────────────────────┘
┌──────────────────┐    ┌─────────────────────────┐
│ 培智学校生活适应  │────│ 培智学校生活适应课程的性  │
│ 课程概说         │    │ 质与理念                 │
└──────────────────┘    └─────────────────────────┘
                        ┌─────────────────────────┐
                        │ 培智学校生活适应课程的目  │
                        │ 标与内容                 │
                        └─────────────────────────┘
```

单元一　培智学校生活适应课程的地位与价值

学习背景

2007 年 2 月,教育部印发《培智学校义务教育课程设置实验方案》,要求培智学校课程设置应体现先进的特殊教育思想,符合特殊教育的基本规律和特点,遵循智力残疾学生身心发展规律,适应构建和谐社会的要求,为智力残疾学生的全面发展奠定基础。

学习目标

1.了解培智学校义务教育课程设置实验方案;

2.了解生活适应课程的地位与价值,以及课程设计思路。

学习内容

一、培智学校义务教育课程设置实验方案

《培智学校义务教育课程设置实验方案》明确指出,培智学校义务教育阶段的培养目标是"全面贯彻党的教育方针,体现社会文明进步要求,使智力残疾学生具有初步的爱国主义、集体主义精神;具有初步的社会公德意识和法治观念;具有乐观向上的生活态度;具有基本的文化科学知识和适应生活、社会以及自我服务的技能;养成健康的行为习惯和生活方式,成为适应社会发展的公民。"

（一）培智学校课程设置

表 1-1　培智学校课程计划表（节/周）

年级	一般性课程							选择性课程				
	生活语文	生活数学	生活适应	劳动技能	唱游与律动	绘画与手工	运动与保健	信息技术	康复训练	第二语言	艺术休闲	校本课程
低年级	3-4	2	3-4	1	3-4	3-4	3-4	6-9				
中年级	3-4	2-3	2-3	2	3-4	3-4	3-4	6-9				
高年级	4-5	4-5	1	3-4	2	2	2-3	6-10				

表 1-2　培智学校课程设置及比例表（%）

年级	一般性课程							选择性课程				
	生活语文	生活数学	生活适应	劳动技能	唱游与律动	绘画与手工	运动与保健	信息技术	康复训练	第二语言	艺术休闲	校本课程
低年级	10-12	6-7	11-13	3-4	10-12	10-12	10-12	20-30				
中年级	10-12	8-9	7-8	5-6	10-12	10-12	10-12	20-30				
高年级	13-15	13-15	3-4	8-9	6-7	6-7	11-13	20-30				

（二）有关课程设置的说明

1.《培智学校义务教育课程设置实验方案》立足于智力残疾学生的发展需求,根据课程设置的原则,依照以生活为核心的思路,整体设计九年一贯的培智学校课程体系。方案充分考虑了智力残疾学生的需求和特点,构建了由一般性课程和选择性课程两部分组成的培智学校课程体系。一般性课程体现对学生素质的最基本要求,着眼于学生适应生活、适应社会的基本需求,约占课程比例的 70%~80%;选择性课程着眼于学生个别化发展需要,注重学生潜能开发、缺陷补偿(身心康复),强调给学生提供高质量的相关服务,体现学生发展差异的弹性要求,占课程比例的 20%~30%。两类课程的比例可根据实际情况进行适当调整。

2.一般性课程为必修课,设置七类科目:生活语文、生活数学、生活适应、劳动技能、唱游与律动、绘画与手工、运动与保健。

3.选择性课程是学校根据当地的区域环境、学校特点、学生的潜能开发需要而设计的可供学生选择的课程,设置五类科目:信息技术、康复训练、第二语言、艺术休闲、校本课程。

4.每学年上课时间为35周,社会实践活动时间为2周,机动安排时间为2周(用于远足、参观、运动会、艺术节等),由学校视具体情况自行安排。寒暑假、国家法定节假日为13周。1—6年级每周总课时量不超过30节,7—9年级每周总课时量不超过32节。

5.每节课上课时间一般为35分钟,可根据学生的年龄、智力残疾程度和课程的性质进行适当调整。

二、培智学校义务教育生活适应课程标准

2016年教育部发布《培智学校义务教育课程标准(2016年版)》,其中《培智学校义务教育生活适应课程标准(2016年版)》在前言部分,对生活适应课程的意义与设计思路进行了阐释。

(一)培智学校开设生活适应课程的意义

培智学校生活适应课程是一门帮助培智学校学生学会生活、融入社会的一般性课程。本课程应遵循学生认知发展规律,旨在培养学生生活自理、从事简单家务劳动、自我保护和适应社会的能力;帮助学生养成健康的生活方式;形成热爱祖国,热爱人民,热爱中国共产党的情感和态度,培育和践行社会主义核心价值观,使之尽可能地成为合格、独立的社会公民。

简单来说,生活适应课程培养学生能生活、会生活、爱生活且有思想地生活的能力。

(二)生活适应课程设计思路

生活适应课程按九年义务教育进行整体设计,以学生的生活为基础,按照"一个核心、三个阶段、五个领域、二十二个单元"的设计思路构建课程的基本框架。

课程设计以"我与我们"为核心，将"我"作为同心圆的圆心，围绕个人、家庭、学校、社区、国家与世界等不断扩展的生活领域，按照低（1—3 年级）、中（4—6 年级）、高（7—9 年级）三个年级段，遵循螺旋式上升原则编排课程内容，着力提升学生生活自理、从事简单家务劳动、自我保护和适应社会的能力。低年级段关注学生个人生活，侧重于学生最基本的适应生活能力的提升；中年级段立足家庭、学校安全、健康生活，引导学生自主发展；高年级段渗透对社会、祖国、世界的认识，提高学生自我保护意识，形成参与社会的能力。

三、培智学校义务教育生活适应教材

2017 年 8 月，由人民教育出版社、课程教材研究所、特殊教育课程教材研究开发中心联合编著的培智学校义务教育实验教科书《生活适应》教材出版发行，为广大的培智学校教师的教育教学提供了有力支持。

知识窗		让每一名残疾儿童青少年都有人生出彩机会 ——中国特殊教育发展150年概述

单元二　培智学校生活适应课程的性质与理念

📋 学习背景

　　课程标准是对课程目标的具体化,是教材编写与实际教学的重要依据与指导。《培智学校义务教育生活适应课程标准(2016年版)》的制订经历了一个漫长的过程。课标组的专家涵盖了特殊教育领域的重要专家、研究者、一线培智学校管理者与教师,课标组在全国范围内进行了数次调研、座谈,不断总结、梳理生活适应学科的课程性质、基本概念、核心领域和所要解决的主要问题等,最终形成了培智学校生活适应课程标准。

📋 学习目标

　　1.说明生活适应课程的三大特性;

　　2.解释生活适应课程的理念。

📋 学习内容

一、生活适应课程的性质

　　生活适应课程是在培智学校开设的一门立足于学生当前及未来生活需求,以学生生活适应能力的培养为目的的一般性课程。

（一）生活性

生活适应课程以学生的生活为核心，以学生生活中的需要和问题为出发点，遵循学生生活的逻辑及其身心发展特点，围绕学生个人生活、家庭生活、学校生活与社会生活构建课程体系。

1.以生活为核心。教学内容要围绕学生的生活实际进行设计，要挖掘并灵活使用与学生生活密切相关的教学材料，不一定要按照教科书上的内容进行教学，但一定要遵循课程标准的要求。

2.以需要和问题为出发点。实施教学活动的最终目的是要使学生学会独立解决生活中的困难与问题。教师需要开展访谈、调研，掌握学生的生活学习情况，明确其需要解决的问题，从而确定学习需要。

3.遵循生活逻辑。生活逻辑是生活发展的总趋势，生活适应课程教学要遵循学生个人生活能力发展的趋势，以家庭生活、学校生活、社区生活为主要内容，选择必备的知识与核心技能组织、设计活动，提高应用能力，促进学生在生活中发展。

4.遵循身心发展特点。生活适应课程应立足于全体学生的发展，同时兼顾学生的个别化教育需要，合理地确定课程目标与内容。在教学实施中，既依据学生的身心发展规律，注重集体教学和训练，又要根据学生已有水平和学习能力的差异，以及家庭、社区的基本期望进行分层分类教学，力求使每一位学生都能得到适合的教育。

（二）实践性

生活适应课程强调学生的实践与操作，注重学生在体验、操作、探究和解决问题的过程中获得直接经验，提高学生解决生活实际问题的能力。

生活适应课程以培养学生的生活适应能力为目的，而生活适应能力光靠教师在课堂中讲解是很难发展起来的，尤其对智力有缺陷的学生更是如此。适应技能的形成和发展与学生参与生活实践密切相关。生活实践不仅对学生的身心发展提出了各种新的要求，而且还提供丰富、真实的学习内容和实践锻炼机会。只有通过开展各种活动，让学生在活动中逐步领会教学内容，并反复实践，才能发展学生的各种适应技能。

1.强调实践与操作。在教学过程中，要尽可能地让每个学生参与每一教学环节。培智学生的思维以直观形象为主,且注意时间短,让学生直接参与活动,在活动中学习,获取直接的经验,提高学生的学习兴趣与学习积极性。

2.强调解决生活实际问题。教师要保持与家长的紧密联系,建立"家校联系簿",每天与家长沟通学生在学校学习的内容、掌握情况以及在学校的表现等,对家长提出要求,利用学生在家的时间反复练习,把课堂教学内容拓展到生活实际中,强化知识,家长再将孩子在家训练的情况向老师进行反馈。通过反复的、多次的强化训练,促进学生问题解决能力提升。

(三)开放性

生活适应课程重视教学内容、教学时空的开放性;根据社会生活的发展变化和学生身心发展的需要,有选择地吸纳鲜活的社会生活事件;教学空间从课堂向家庭和社区扩展,提高学生适应生活、适应社会的能力。

开放性包含多层含义。一是内容选取的开放,二是教法和学法的开放,三是教学地点选择的开放。教学内容的选择要切合每一个儿童的生活需要,因人、因时、因地而变化。教法和学法不拘一格,讲授、示范、工序分析、单元活动或模仿、伙伴合作、实践操作等方法都可以根据需要而综合运用。教学地点按需要选择,可以在学校,也可以在家里、社区或某些功能场所,如超市、医院等,走出校园到社会中参加实地实践是必不可少的学习方式。综合考虑这三方面的需要而开展开放式教学活动是生活适应课程教学的最大特点。

二、生活适应课程的理念

(一)培养学生生活适应能力,提高学生生活质量

本课程始终把培养和提高学生的生活适应能力作为出发点和归宿,围绕学生当前和未来生活的需求构建课程体系,着重发展学生生活自理、从事简单家务劳动、自我保护和适应社会的能力,提高其生活质量。

1.生活适应能力。所谓生活适应能力,是指个体按照生活的要求独立地处理各种日

常事务的能力。在培智学校生活适应课程里主要指学生的生活自理、从事简单家务劳动、自我保护和适应社会的能力。

2.生活质量。生活质量包括两个方面，一是物质需求的满足，二是精神需求的满足。精神的满足包括精神世界的充实、获得认可、获得关爱、良好的人际关系、实现理想、体现价值等。

要提高培智学生生活质量，在其成长过程中必须发展三个方面的特性或能力。第一，独立性或独立生活的能力。一个人只有在生活中学会独立自主，不事事依赖他人，才可能获得人格尊严和自信。第二，生产性或劳动生产的能力。通过从事一定的生产劳动，个体才能把自己的潜力充分发挥出来，体现自身的价值，获得别人的尊重和成就感。第三，参与性或融入社会的能力。当人有能力融入社会，积极地参与社会生活，在社会生活中承担一定的责任时，才能和其他人建立融洽的关系，发展友谊，获得他人的关心和爱，体会到生活的幸福。幸福生活几乎是每个人一生的追求，培智学生也不例外。

（二）关注学生生活实际，帮助学生融入社会

本课程立足于学生生活实际，将个人生活、家庭生活、学校生活、社区生活等内容进行有机整合，帮助学生认识自我，处理好与他人、社会的关系，提高学生解决生活实际问题的能力，促进其融入社会。

立足生活实际，要以学生的现实生活为基础，要考虑学生、家长的具体能力和需要，以及社会对培智学生的要求等各种因素。

从学生的角度看，第一，要满足生理的需要。饿了必须吃饭，渴了必须喝水，天冷了要盖被子、穿保暖的衣服，困了累了要有地方休息等等，这些是一个人维持自身生存的最基本的要求。第二，要满足安全感。遇到危险的物品必须会躲避，受伤和生病时要去医院就医，遇到坏人必须能够保护自己的生命安全和财产安全。第三，要满足社交需要。人在社会中生活总要和各种人打交道，例如，去商店购物，去医院看病，拜访亲戚朋友，参加社区活动等。因此，掌握一定的社交技能是现实生活对人的一种客观要求。同时，社交也是人的一种主观需要，因为加入到一定的社会团体中，人才有归属感，才能获得他人的情感支持，学会关心他人并获得他人的关心和爱，消除孤独感和寂寞感。第四，要满足尊重需要。人首先要学会自尊，只有自尊才能获得他人的尊重。为了获得他人的尊重，

个体必须尽可能地减少对家庭和社会的依赖,具有某些优良的品质,如诚实守信、办事认真、吃苦耐劳、持之以恒等。第五,要满足自我实现的需要。人生最大的幸福就是自我实现,为此,人必须树立自己的人生目标,为目标努力学习和奋斗,充分发挥个人的潜能,最终实现自己的理想和价值。

从家长的角度看,家长对于孩子最大的期望就是将来能独立生活。因此,培养个人生活自理能力、学会一些家庭生活和社会生活的常识、学会与人相处,具有基本的人际交往能力是生活适应课程应该考虑的内容。当然,具体教学内容的安排,还需要考虑学生本身的能力与家长的愿望,建议在教学前能进行家访,并与学生生活亲密人员进行访谈,了解学生现时和将来生活的需要。

从社会的角度看,根据社会对培智学生普遍的要求和愿望,应培养学生具有适应社会生活的技能。更重要的是,人与社会的互动是双向的,因此,培智教育不仅要适应社会对培智学生的要求,同时也应该注意把一些新的观念和看法,尤其是培智学生所应拥有的权利等传达给社会,使培智学生被广泛接纳。在教学时可以通过与社区的融合,促进学生的社会适应。

融入社会一方面体现在培智学生个体主动参与社会活动,另一方面体现在社会接纳、包容、支持培智学生参与社会活动,还包括学校向社会传达融合理念。

（三）尊重学生个体差异，促进学生个性发展

本课程尊重学生的个体差异,依据其身心发展特点和生活实际,设置合适的教学目标,采用不同的教学方法,因材施教,满足其个别化教育的需求,最大限度地开发其潜能,促进其个性发展。

1.设置合适的教学目标。教学目标的确定,要根据学生个体差异,采用分层或分类目标,让学生的个体需求得到满足。

2.因材施教。根据学生个体需求的不同,选择合适的教学内容,采用不同的教学方法,例如实施个别化教育计划,针对学生个别重要技能的训练等。

3.发展潜能。发展学生的个性特长,使培智学生在发展潜能的同时,缺陷得到补偿。

人物故事		她用初心和信仰书写对党的忠诚 ——记优秀共产党员、最美乡村教师张桂梅（上）

单元三　培智学校生活适应课程的目标与内容

📋 学习背景

　　生活适应是培智学校开设的一门非常重要且综合性较强的课程,其内容涵盖了生活常识、生活自理技能、行为习惯、道德品质、历史、地理等不同的学科领域,具有培养实用生活技能和发展社会生活能力的双重任务。

📋 学习目标

　　1.理解生活适应课程总目标;

　　2.了解生活适应课程内容。

📋 学习内容

一、课程目标

　　生活适应课程旨在帮助学生了解基本的生活常识,掌握必备的适应性技能,养成良好的行为习惯,形成基本的生活适应能力及良好的品德,成为适应社会生活的公民。

　　第一,通过教育和训练,使学生认识个人生活、家庭生活、学校生活、社区生活领域中常见的(常用的)人、事、物,了解个人与家庭、学校与社会的关系,掌握一些与个人生存相关的生活常识和技能,初步掌握处理解决家庭生活、社会生活问题的技能与方法,养成良好的生活习惯、学习习惯、交往习惯等。

第二,通过教育和训练,培养学生热爱祖国、遵纪守法、孝敬父母、自信乐观、团结友善等良好的品格,以适应日常生活,满足进入社会的需要,成为一个正常参与社会生活的公民。

二、课程分段目标

课程按照低(1—3年级)、中(4—6年级)、高(7—9年级)三个年级段设计分段目标,各分段目标中又包含"个人生活""家庭生活""学校生活""社区生活""国家与世界"五个领域目标。

从总目标、分段目标来看,分为"健康、安全地生活""负责任、有爱心地生活""愉快、积极地生活""懂关爱、有担当地生活""爱祖国、守法律地生活"五个层次,注重学生的心理健康培养。

三、课程内容

课程内容将五个领域目标进行了具体细化。

1.个人生活领域包括"饮食习惯""个人卫生""个人着装""疾病预防""自我认识""心理卫生"六个单元。

饮食习惯方面,由认识食物、使用并整理餐具、进餐礼仪,以及养成良好的饮食、用餐习惯组成。

个人卫生方面,由学会洗手、洗脸、洗澡、梳头、刷牙、剪指甲、上厕所等基本的生活技能及养成良好的个人卫生习惯组成。

个人着装方面,由认识衣物、帽子、手套、鞋袜、会穿脱衣服鞋袜、保持服装干净、会依气候季节及温度的变化更换衣服组成。

疾病预防方面,由会表达身体不适并向他人寻求帮助、了解就医流程以及学会简单的急救方法组成。

自我认识方面,由认识身体部位、认识自己的体貌特征,知道自己的姓名、性别、年龄等基本信息,了解民族籍贯等个人身份信息,了解自己的兴趣爱好、优点缺点,以及青春期保健常识组成。

心理卫生方面,由学习表达自己的需求、情绪情感,学习分享与合作,学会宽容尊重他人,调控个人情绪,勇于面对困难尝试解决问题组成。

2.家庭生活领域包括"家庭关系""家庭责任""居家安全"三个单元。

家庭关系方面,由会称呼家庭主要成员及成员的姓名、性别、职业、工作单位等信息,知道自己与家庭成员的关系,学会沟通与交流、恰当表达不同的意见,懂得孝顺父母、尊重关心家庭成员。

家庭责任方面,由爱惜居家环境、家具物品,在家庭中承担一定的家务劳动,合理安排一日生活,合理支配零用钱,建立健康消费意识组成。

居家安全方面,由知道自己的居住地址、电话及周边环境,知道居家生活的安全常识,保管好家中财物,保守个人和家庭隐私等组成。

3.学校生活领域包括"人际交往""校园安全""学习活动"三个单元。

人际交往方面,由认识学校老师、工作人员、同学,学会分工合作与人交往,懂得尊敬师长、尊重工作人员劳动、友爱同学组成。

校园安全方面,由认识学校相关场所、设备设施,遵守学校安全规则,了解突发事件的应对常识组成。

学习活动方面,由了解学校常规活动,遵守学校纪律和学生守则,积极参加集体活动等组成。

4.社区生活领域包括"认识社区""利用社区""参与社区""社区安全"四个单元。

认识社区方面,由认识社区及社区内的相关人员以及社区中的服务机构组成。

利用社区方面,由安全使用社区公共设施,遵守公共秩序,学会利用社区中的资源解决生活中的问题等组成。

参与社区方面,由参加社区活动、帮助社区做些力所能及的工作组成。

社区安全方面,由了解社区中的安全隐患、认识常见的安全标识、了解意外伤害常识、掌握自护自救的方法和技能等组成。

5.国家与世界领域包括"国家与民族""地理与历史""节日与文化""法律与维权"

"环境与保护""共同的世界"六个单元。

国家与民族方面,由知道自己的国家和家乡,遵守升旗仪式的礼仪规范,了解民族英雄、风俗习惯、传统礼仪等组成。

地理与历史方面,由认识中国地图,知道生活城市的名称,知道我国的领土领海领空,了解四大发明和历史上的重大事件等,激发民族自豪感组成。

节日与文化方面,由了解传统节日民俗活动、各种节日名称、传统民间艺术和体验风土人情等组成。

法律与维权方面,由了解公民的权利与义务、法律的基本知识,能在成人的帮助和指导下运用法律维护自身的合法权益等组成。

环境与保护方面,由认识大自然,学习垃圾分类,了解资源的有限性和环境保护的重要性及其基本知识和方法等组成。

共同的世界方面,由了解世界大洲和大洋,认识一些国家和民族,了解生活习俗和传统节日组成。

五个领域课程内容之间的关系,简单来说,就是我与我自己、我与他人、我与世界之间的关系,课程内容安排的顺序就是从自我向外部世界认知的过程,是循序渐进、逐渐提升的过程。

人物故事 "最美教师"次仁拉姆:为孩子们编织多彩世界

模块二　教学设计

模块概述

　　教学活动是具有明确目的的活动,在丰富的内容、复杂的对象、不同的形式、多样的方法、灵活的媒介、固定的时间、繁重的任务等诸多因素的影响下,要优质高效地完成预期任务、达到预定目标,需要进行精心巧妙的设计。教学设计是指在进行教学活动之前,根据教学目的的要求,运用系统方法,对参与教学活动的诸多要素进行分析和策划的过程。简言之,教学设计是关于教什么和如何教的操作方案。本模块从教学设计的准备、教学目标设计、教学策略设计、教学过程设计、教学实施方案设计五个方面引导大家学习生活适应课程教学设计的相关工作任务。共34学时。

学习目标

素质目标	1.树立特殊教育职业理想,认同特殊教育教师工作的意义
	2.具有家国情怀,乐于从教,热爱教育事业
	3.具有正确的价值观和残疾人观、特殊儿童发展观和教育观
	4.具有严谨、细致、科学的治学态度,具有终身学习与持续发展的意识
	5.有德育为先、育人为本、能力为重的理念
	6.养成依据课程标准进行教学设计的习惯
知识目标	理解教学设计的基本原理与方法
能力目标	能依据生活适应课程标准要求、学生认知特征确定恰当的学习目标和学习重点,选择适当的学习资源和教学方法,合理安排教学过程,科学设计教学方案

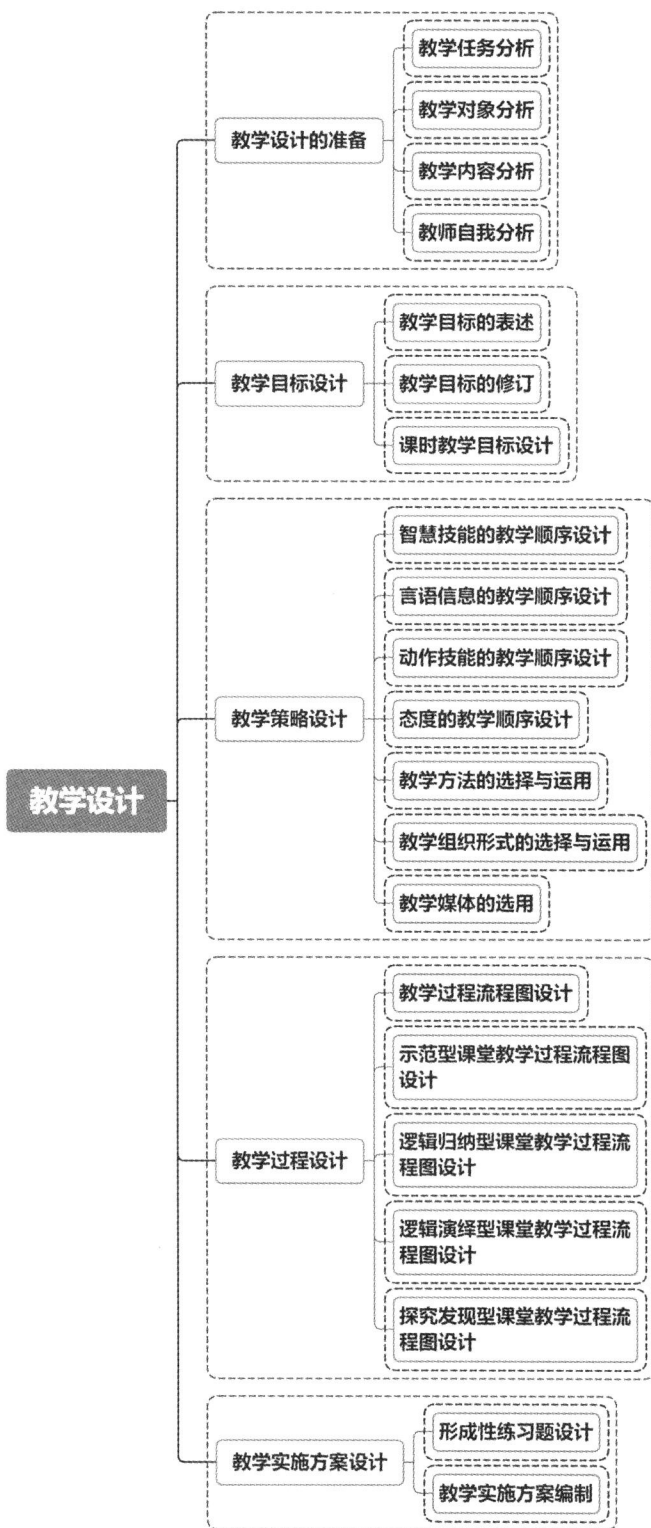

📋 模块导学

```
                              ┌─────────────────────────┐
                              │ ┌──────────────────────┐ │
                   ┌──────────┤ │     教学任务分析      │ │
                   │          │ └──────────────────────┘ │
                   │          │ ┌──────────────────────┐ │
           ┌───────────────┐  │ │     教学对象分析      │ │
           │  教学设计的准备  ├──┤ └──────────────────────┘ │
           └───────────────┘  │ ┌──────────────────────┐ │
                              │ │     教学内容分析      │ │
                              │ └──────────────────────┘ │
                              │ ┌──────────────────────┐ │
                              │ │     教师自我分析      │ │
                              │ └──────────────────────┘ │
                              └─────────────────────────┘

                              ┌─────────────────────────┐
                              │ ┌──────────────────────┐ │
           ┌───────────────┐  │ │     教学目标的表述     │ │
           │   教学目标设计  ├──┤ └──────────────────────┘ │
           └───────────────┘  │ ┌──────────────────────┐ │
                              │ │     教学目标的修订     │ │
                              │ └──────────────────────┘ │
                              │ ┌──────────────────────┐ │
                              │ │    课时教学目标设计    │ │
                              │ └──────────────────────┘ │
                              └─────────────────────────┘

                              ┌──────────────────────────────┐
                              │ ┌───────────────────────────┐ │
                              │ │     智慧技能的教学顺序设计    │ │
                              │ └───────────────────────────┘ │
                              │ ┌───────────────────────────┐ │
                              │ │     言语信息的教学顺序设计    │ │
                              │ └───────────────────────────┘ │
                              │ ┌───────────────────────────┐ │
           ┌───────────────┐  │ │     动作技能的教学顺序设计    │ │
           │   教学策略设计  ├──┤ └───────────────────────────┘ │
           └───────────────┘  │ ┌───────────────────────────┐ │
教学设计──┤                    │ │      态度的教学顺序设计      │ │
           │                  │ └───────────────────────────┘ │
           │                  │ ┌───────────────────────────┐ │
           │                  │ │     教学方法的选择与运用     │ │
           │                  │ └───────────────────────────┘ │
           │                  │ ┌───────────────────────────┐ │
           │                  │ │    教学组织形式的选择与运用   │ │
           │                  │ └───────────────────────────┘ │
           │                  │ ┌───────────────────────────┐ │
           │                  │ │      教学媒体的选用        │ │
           │                  │ └───────────────────────────┘ │
           │                  └──────────────────────────────┘

           │                  ┌──────────────────────────────┐
           │                  │ ┌───────────────────────────┐ │
           │                  │ │     教学过程流程图设计       │ │
           │                  │ └───────────────────────────┘ │
           │                  │ ┌───────────────────────────┐ │
           │                  │ │  示范型课堂教学过程流程图设计  │ │
           │                  │ └───────────────────────────┘ │
           │                  │ ┌───────────────────────────┐ │
           ┌───────────────┐  │ │ 逻辑归纳型课堂教学过程流程图设计│ │
           │   教学过程设计  ├──┤ └───────────────────────────┘ │
           └───────────────┘  │ ┌───────────────────────────┐ │
           │                  │ │ 逻辑演绎型课堂教学过程流程图设计│ │
           │                  │ └───────────────────────────┘ │
           │                  │ ┌───────────────────────────┐ │
           │                  │ │ 探究发现型课堂教学过程流程图设计│ │
           │                  │ └───────────────────────────┘ │
           │                  └──────────────────────────────┘

           │                  ┌─────────────────────────┐
           ┌───────────────┐  │ ┌──────────────────────┐ │
           │  教学实施方案设计 ├──┤ │     形成性练习题设计    │ │
           └───────────────┘  │ └──────────────────────┘ │
                              │ ┌──────────────────────┐ │
                              │ │     教学实施方案编制    │ │
                              │ └──────────────────────┘ │
                              └─────────────────────────┘
```

项目一　教学设计的准备

📋 项目概述

　　教学设计的准备阶段是教学设计的起点,通过了解教学设计的背景,弄清楚影响教学的各种因素之间的关系,为教学设计提供依据。本项目从教学任务分析、教学对象分析、教学内容分析和教师自我分析四个方面引导大家学习生活适应课程教学设计准备阶段需要做好的相关工作。共4学时。

📋 学习目标

素质目标	1.认同特殊教育教师工作的意义和专业性、独特性、复杂性
	2.具有家国情怀,乐于从教,热爱教育事业
知识目标	1.了解教学设计的背景
	2.理解影响教学的各种因素之间的关系
能力目标	1.能基于课程标准、教材内容、培智学生特点进行教学任务分析、教学对象分析和教学内容分析
	2.能根据自身的知识与能力水平进行教师自我分析

📋 项目导航

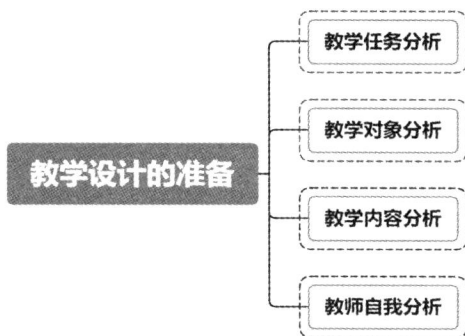

任务一　教学任务分析

📋 任务引导

教学活动是一项有明确目的的培养人的实践活动,因此,在实施教学活动之前,教师要对教学任务有清晰的认识和了解。

请思考:如何做教学任务分析?

📋 任务目标

1.熟悉教学任务分析的目的与内容,理解课程标准、教材内容与教学任务之间的关系;

2.基于课程标准、教材内容进行教学任务分析。

📋 任务描述

做好教学任务分析是良好教学设计的开端。没有好的教学任务分析,就不可能有好的教学目标,没有好的教学目标,更不会有好的教学过程。

教学任务是指根据课程标准,确定教学的目标任务,即教师教的行为和学生学的行为的目的或目标是什么,相对应的教学内容是什么。基于现行的《培智学校义务教育生活适应课程标准(2016 年版)》,教师应认真分析课程标准中的课程目标、课程内容、实施建议,并结合课程标准要求,分析教学内容在整个学科课程体系中所处的地位与作用。

教学任务分析的目的是使教学内容得以具体化和明确化,并为教学目标的制定和教学策略的设计提供依据,是教学目标设计不偏离课程目标的保障。

教学任务分析的内容是指在实施教学活动之前,教师通过研读课程标准和教材,对所要完成的教学任务有清晰的认识和了解,明确学生学习结果的类型,并能清晰地陈述教学目标。

📋 任务实施

以人民教育出版社出版的培智学校义务教育实验教科书《生活适应》二年级上册第 2 单元第 4 课《餐桌上的肉蛋奶》为例,进行教学任务分析。

一、课程标准分析

《餐桌上的肉蛋奶》这篇课文选自人民教育出版社出版的培智学校义务教育实验教科书《生活适应》二年级上册第 2 单元第 4 课,归属于低段个人生活领域。对应的课程目标是培养学生"具有基本的个人生活所需的自理能力,初步形成良好的饮食、卫生习惯";对应的课程内容"饮食习惯"中的要求是"认识常见的食物,初步养成良好的饮食习惯";同时该内容还对应课程内容"心理卫生"中的要求"能对身边事物感兴趣,学习表达自己的需求",因此,在教学中要渗透需求表达能力的训练。

二、教材分析

（一）主要内容

教材内容包括认识生活中常见的肉类食物、蛋类食物以及奶制品。结合课程标准分析，《餐桌上的肉蛋奶》这篇课文的教学目标是"认识和区分日常生活中常见的肉类、蛋类、奶制品等食物，能对食物进行归类，能表达自己的需求或喜好，初步形成良好的饮食习惯"。

（二）教材的地位

《餐桌上的肉蛋奶》这篇课文的教学是在《常见的主食》《常见的水果》《常见的蔬菜》《常见的餐具》《良好的用餐习惯》五个内容的基础上进行的，学生对生活中主食、水果、蔬菜等食物有了一定的认知，具备了一定的饮食习惯。通过《餐桌上的肉蛋奶》课文的学习，帮助学生构建完整的食物体系，为中段目标"养成健康、文明的生活习惯"做好铺垫。

📋 实训任务

请针对人民教育出版社出版的培智学校义务教育实验教科书《生活适应》二年级上册第2单元第6课《帽子和手套》进行教学任务分析。

知识窗 教师工作的本质是塑造灵魂塑造生命塑造人

任务二　教学对象分析

任务引导

《培智学校义务教育生活适应课程标准(2016 年版)》的"教学建议"部分明确要求:"教师要了解学生生活适应能力的基础与现状,确定教学目标,开展针对性教学。"培智学校学生障碍类型复杂、程度不同,同一个班级内,学生个体存在较大差异。

请思考:教师应该从哪些方面去了解分析教学对象?

任务目标

1.熟悉教学对象分析的目的与内容;

2.基于教学任务分析进行教学对象分析。

任务描述

教学目标是目的地,学生的学习起点能力是教学的出发点。学生的起点能力分析就是要确定教学的出发点。如果忽视对教学对象的分析,学习内容和教学目标的确定就会脱离学生的实际。

教学对象分析的主要目的是了解学生的一般特点、学习准备状态、学习风格等方面的情况,为学习内容的选择和组织、教学目标的确定、教学活动的安排、教学策略的采用等提供科学的依据,是教学设计前期分析中的重要环节。教学对象分析有多种方法,如测试、访谈、观察等,通过各种方法获得学情信息,具体描绘学生的学习出发点。

教学对象分析不仅要调查研究教学对象的特征,了解学生的知识基础,即学生在学习新知识之前已经具备的知识基础、可能存在的前概念等,还应分析教学对象的认知发展水平,充分考虑教学对象的思维发展水平、非智力因素发展水平等。

一、知识基础分析

学生的知识基础分析,就是找到学生现有知识与课程标准之间的差距;找到学生现有的知识与家庭、社会目前现实需求之间的差距;找到学生大脑已经存在的错误的或不完全正确的知识概念。

教师在对学生的知识基础进行分析时,一方面,要分析学生头脑中已有知识基础的合理成分;另一方面,还要特别关注学生头脑中已有的可能并不太正确的前知识甚至是错误知识,这些错误的概念,一旦在培智学生的头脑中形成,非常稳定和顽固,转变起来非常困难,而且往往会有负迁移性,如果不加以转变就会影响后续知识的学习。

二、认知水平分析

学生认知的发展主要包括感知觉、记忆、思维与想象的发展。培智学生最明显的特征是学习能力低下,与认知有关的注意力、记忆力、语言思维能力等方面都存在一定的欠缺,在进行认知水平分析时,教师可以从注意、记忆、语言发展、思维水平等几方面进行分析。

三、非智力因素特征的分析

1950 年,美国心理测量学家威克斯勒提出了一般智力中的非智力因素的概念,并指出内驱力、情绪稳定性和坚持性等非智力因素在智力行为中的作用。因此,需要分析学生的学习动机的类型、兴趣、意志、焦虑等方面的类型和水平,有针对性地进行相应的教学设计。

📋 任务实施

以人民教育出版社出版的培智学校义务教育实验教科书《生活适应》二年级上册第

2 单元第 4 课《餐桌上的肉蛋奶》为例进行教学对象分析。

案例 2-1

某教师对学生的知识基础分析如下:学生已经学习了生活中最常见的主食、水果、蔬菜等食物,能够正确说出名称,并进行归类。在此基础上认识生活中常见的肉类食物、蛋类食物和奶制品,这些都是学生比较喜欢的食物,尤其是牛排、炸鸡腿、烤肉串等,因为经常食用的缘故,部分学生已经认识并能说出其名称。

案例 2-2

某教师对学生的认知发展水平分析如下。

学生 1:注意时间短暂,约 3~5 分钟;阅读时需要一个字一个字地看着念;识记过程缓慢,一个知识点需要反复强调才能掌握;能说 3 字以上词语和单字,吐字不清晰,声音比较小,主动语言少,偶尔可以回答一些简单的问题;概括、分辨能力弱。

学生 2:注意时间在 10 分钟左右,参与课堂的主动性强;机械记忆能力较好,但保持不牢固,背诵时经常张冠李戴;说句子或较长的词语时表现口齿不清晰,单字发音清晰,表达欲望强;曾在普通学校就读,接受新事物的能力较强,具有一定辅导其他学生的能力。

案例 2-3

某教师对班级学生的非智力因素特征分析如下。

班级学生年龄、认知、性格特点和理解程度、智力损伤程度、家庭教养方式、生存环境等都存在很大的差异,导致出现各种各样的问题行为。例如:刘某某生长发育迟缓伴随智力落后,被妈妈溺爱,喜欢拿同学的东西,老师批评她干脆不理老师;王某某情绪障碍,情绪不佳时会用桌子去挤同学,如果被老师批评,她便会趴地上嚎啕大哭。

班级部分学生喜欢在课堂上做其他事情,如果家长不在旁边督促就会不愿意学习,即使老师几次提醒还是同样的情况。例如:宁某某是唐氏综合征患者,喜欢上课吃零食,在课堂上玩玩具,必须有家长或老师时刻督促;陈同学智力落后伴随轻微多动症,在课堂上发生一件小事都会引起她的好奇心,总是会离开座位走动去看"热闹"。

📋 **实训任务**

请针对人民教育出版社出版的培智学校义务教育实验教科书《生活适应》二年级上册第2单元第6课《帽子和手套》进行教学对象分析。

知识窗

《特殊教育专业师范生教师职业能力标准（试行）》有关"职业认同"的要求

任务三 教学内容分析

任务引导

通过教学任务分析与教学对象分析,已经基本明确了学生目前的学习现状与课程标准之间的差距,也随之形成了教学的基本目标。教学的基本目标指明了学生应该学习的内容和完成的学习任务,或者希望学生通过学习,获得什么样的学习结果。

请思考:教师应该如何组织和呈现教学内容,为实现教学目标服务呢?

任务目标

1.熟悉教学内容分析的目的;

2.基于教学任务分析和教学对象分析进行教学内容分析。

任务描述

教学对象分析确定了学生的起点能力,教学内容分析则是对学生起点能力转化为终点能力所需要的从属知识、技能和态度等进行详细阐释的过程。因此,教学内容分析主要的目的有以下三个方面。

其一,确定学生学习内容的范围和深度,这与"教什么""学什么"有关。即学生需要学习什么知识,学到什么程度,需要多少学习时间;学生需要掌握哪些技能,达到什么水平,需要何种条件,知识与技能的关系怎样;要培养学生什么态度,需要什么样的情境等一系列问题,这些都要做具体而详尽的分析。

其二,揭示教学内容的内在逻辑关系,为教学顺序的确定打下基础。教学内容是由若干知识点共同组成的集合,这些知识点之间必然存在一定的逻辑关系。教师要准确理解这些知识点之间的内在逻辑关系,检查和揭示前后知识、技能之间的联系,明确教学内容的重点难点和关键点。

其三,筛选与教学目标无关的内容,挖掘学习内容承载的德育、美育内容,补充可能遗漏的学习内容。《培智学校义务教育生活适应课程标准(2016年版)》"教学建议"中要求:"教学内容的选择要源于学生的实际生活,教师要关注他们在学习、成长和生活过程中遇到的实际问题,从中捕捉有教育价值的内容作为课程的生长点,创造性地选择恰当的内容,生成适宜的活动。"因此,教师可以根据课程标准、学生实际、自身特点以及教学条件等,对教材进行加工、重整、增删等处理。但需要注意的是,教师不能盲目拓展教学内容。

📋⭐任务实施

以人民教育出版社出版的培智学校义务教育实验教科书《生活适应》二年级上册第2单元第4课《餐桌上的肉蛋奶》为例进行教学内容分析。

一、理清教学内容的知识体系

教材内容包括认识生活中常见的肉类食物(如红烧肉、牛排、羊肉串、炸鸡腿)、蛋类食物(如煮鸡蛋、煎鸡蛋和咸蛋等),以及奶制品(如牛奶和酸奶等),学习内容之间相对独立,是并列关系。知识体系如图2-1所示。

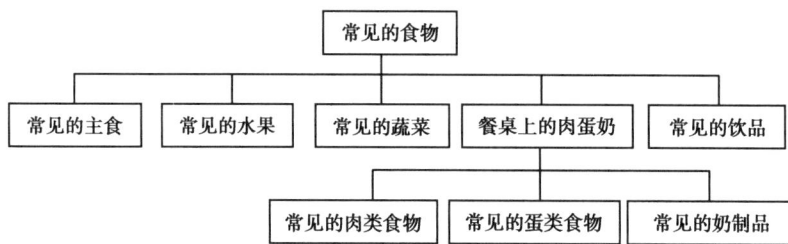

图2-1 《餐桌上的肉蛋奶》知识体系分析

二、确定知识点与重难点

《餐桌上的肉蛋奶》的学习,是建立在"主食""水果""蔬菜"知识学习的基础上的,学习要点是认识常见的肉类食物、蛋类食物和奶制品等。教学内容的重点关键在归纳,帮助学生建立概念。

课文中出现的食物虽然是生活中常见的食物,但对于培智学生来说,这些食物都是经过加工后的食物,因此食物归类建立概念是教学难点。

三、分析教学内容的范围与学习结果

课程标准"饮食习惯"目标对不同的年级段的学生要求有所不同。低年级段要求学生认识常见的食物,初步养成良好的饮食习惯;中年级段要求学生了解饮食安全常识,养成健康的饮食习惯;高年级段要求学生了解进餐礼仪,做到礼貌就餐,了解常见食物的营养价值。因此,这篇课文的教学,要把握好知识的深度与广度不能超纲。《餐桌上的肉蛋奶》在知识目标上是帮助学生建立肉、蛋、奶概念;在技能目标上是让学生能在众多食物中对肉、蛋、奶食物进行辨别与归类。在态度目标上是培养学生具有初步的良好的饮食习惯,比如节约粮食、按时吃饭、讲究卫生、营养均衡等。

因地域差异、经济条件等因素,人们的饮食习惯、生活环境等各不相同,教学内容要紧密联系学生生活实际,可以对教材进行适当的调整,选取学生生活中常见的食物作为教学内容。

实训任务

请针对人民教育出版社出版的培智学校义务教育实验教科书《生活适应》二年级上册第2单元第6课《帽子和手套》进行教学内容分析。

知识窗		强化特殊教育教师落实《指南》的职责与担当

任务四　教师自我分析

任务引导

同样一节课,不同的教师无论是教学方式、思路还是教学效果,都可能是不同的。不同的教师在教学风格、知识水平、专业能力等方面具有差异,因此在教学设计的准备阶段,教师也应该进行自我分析,在自我分析的基础上选择符合自身特点的教学方法和教学策略。

请思考:教师应该从哪些方面去进行自我分析?

任务目标

1.熟悉教师自我分析的目的与内容;

2.基于自身教学风格、专业知识、专业能力等进行教师自我分析。

任务描述

教师自我分析本质上是教师的元认知,尤其是教师的自我觉察、自我评价和自我调节。教师在教学设计前进行自我分析,有助于教师发现自身存在的问题和不足,并有意识地去改进。教师自我分析包括以下几个方面。

一、教学风格

所谓教学风格,是指教师在长期教学实践中逐步形成的、富有成效的、一贯的教学观点、教学技巧和教学作风,是教学艺术个性化的稳定状态。

教学风格是教师教学思想的直接体现。教学风格根源于思想内容而表现于外部形式,因此,教师要有正确的思想指导。

教师教学风格的形成,是教师教学艺术成熟的重要标志。教学的艺术性是建立在科学性的基础之上的,要使教学的每个环节既符合知识结构的科学体系,又严格依循教育、教学的一般规律和总的原则,因此,教师要掌握教学基本规律,刻苦锻炼基本功。

教师教学风格的形成,是教师教学创造性活动的结果及其表现,教师的创造性在教学上的表现就在于其中展现出的鲜明的个人特色。因此,教师要注意扬长避短,发挥个人优势。

二、专业知识

教师要做好教学工作,首先要具备充分的专业知识。一是学科内容知识,教师在进行教学之前,必须系统掌握课程的基础知识与重点难点;二是学科教学知识,包括教学设计与教学实施的有关知识;三是课程知识,包括课程目标、课程内容、课程实施、课程评价等知识。

三、专业能力

教学能力是教师在工作中形成的直接影响教学效果的特殊能力。课堂既有知识信息的传递,又有思想的交流、情感的沟通,因此,教师除了具备一般的课堂教学实施的能力,还要具备教学反思、课堂应变、教学监控等能力。

📋 任务实施

教师自我分析具体从以下几个方面进行分析,之后再结合自身特点选择相应的教学方法和教学策略,进行教学设计。

1.分析自己的教学思想和教学理论是否与当前的教学思想理论一致。一般而言,当前教师的教学思想与教学理论主要存在以下几个方面的问题:一是没有明确的具有指导性的教学思想与教学理论;二是虽然有明确的指导性教学思想或教学理论,但过于陈旧,甚至与当前所倡导的教学思想或教学理论相背离。

2.分析自身的知识结构。教师应该精通自己所教的学科,以扎实的学科功底作为依据,才能将知识讲得深刻、精辟、鲜活而有趣。

3.分析自身的能力结构。教师要分析自己驾驭课堂的能力,如使用语言表达的能力、课堂提问能力、教学方法手段运用能力和课堂管理能力以及使用现代教学技术的能力等方面的优势与不足。

4.分析自己对学生的了解情况。教师要分析自己是否真的了解学情,是否了解学生已经具备的前知识与经验,以及可能存在的错误概念,是否了解学生的认知水平、学习态度、学习兴趣、学习动机以及学习风格等。

📋 任务实训

请结合自身个性特征、专业知识、专业能力等,对照《特殊教育专业师范生教师职业能力标准(试行)》进行自我分析。

| 人物故事 |  | 黄大年的追梦人生 |

项目二　教学目标设计

项目概述

　　教学目标的设计是教学方案设计中的重要一环,是所有教学活动要达成的结果,即学生将达到什么样的行为状态,获得什么样的终点能力,关系到课程的方向性,以及教学策略的选择、学习动机的激发、教学效果的检验等。本项目从教学目标的表述、修订、课时教学目标设计三个方面引导大家学习生活适应课程教学的教学目标设计。共 4 学时。

学习目标

素质目标	1.树立正确的价值观和残疾人观、特殊儿童发展观和教育观
	2.形成公正、平等、积极地对待每一名学生的意识
	3.具有将品德养成、知识学习与能力发展相结合,提高学生的综合素质的意识
知识目标	1.认识到教学目标设计是一个系统活动
	2.理解教学目标的体系与意义
	3.知道教学目标从三维角度进行设计
能力目标	1.会运用行为动词描述具体可观察的教学目标
	2.能依据课程标准、知识逻辑以及学生学习特点设计课时目标

📋★ 项目导航

```
                          ┌─────────────────┐
                          │  教学目标的表述   │
                          └─────────────────┘
┌──────────────┐          ┌─────────────────┐
│  教学目标设计  │──────────│  教学目标的修订   │
└──────────────┘          └─────────────────┘
                          ┌─────────────────┐
                          │  课时教学目标设计  │
                          └─────────────────┘
```

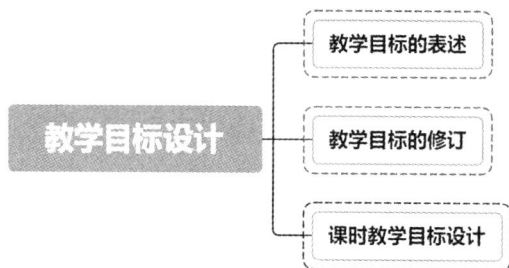

任务一　教学目标的表述

📋★ 任务引导

在一节课或一个单元的教学之前,教师往往要考虑这样一些问题:通过本节课或本单元的教学,学生应该获得什么层面的发展? 学生是否达到了预期的学习结果? 设计的教学活动或教学任务是否符合学生需求? 这些问题大多涉及教学目标的设计。

请思考:如何表述具体清晰的教学目标?

📋★ 任务目标

1.理解教学目标的体系及意义;

2.从三个维度使用行为动词描述教学目标。

任务描述

一、教学目标的含义

教学目标是指教学活动预期要达到的结果和标准。实际上,教学目标是人们对教学活动结果的一种主观上的愿望,是对完成教学活动后学生应达到的行为状态的详细且具体的描述。

二、教学目标体系

教学目标一般是以系统的形式存在,不同层次和水平的教学目标构成了一个完整的教学目标体系。培智学校生活适应课程可以分为课程目标、学段目标、各学段各领域具体目标、课时目标等不同层次。

1.课程目标。课程目标是课程教学所要达到的最终结果,在课程标准的总目标中有明确描述。

2.学段目标。根据学生发展的生理和心理特点,将九年的学习时间划分为三个学段:第一学段(1—3 年级)、第二学段(4—6 年级)、第三学段(7—9 年级),生活适应课程标准分别从个人生活、家庭生活、学校生活、社区生活、国家与社会 5 个领域确定了各学段目标。

3.各学段各领域具体目标。生活适应课程标准在课程内容部分,将个人生活、家庭生活、学校生活、社区生活、国家与社会 5 个领域又细化为 22 个单元,对目标内容进行了具体而详细的说明。例如,个人生活领域包括饮食习惯、个人卫生、个人着装、疾病预防、自我认识、心理卫生 6 个单元,在每个单元,又分学段明确了具体目标内容。

4.课时目标。一个教学内容或一篇课文,可以列出若干个教学目标,一般情况需要几个课时才能完成,课时目标是教学目标体系中最具体、最具有可操作性的目标。

三、教学目标的意义

（一）有利于实现课程目标

只有科学准确地确定教学目标，才能保证课程目标的实现。通过教学目标的设计，把课程目标、学段目标、课时目标都作具体化的处理，可以保证课程的方向性和稳定性。

（二）有利于教师的教学

教学目标是指引教师进行教学活动的指南，对教师的教学发挥着调控功能。它可以帮助教师理清教学思路、科学组织教学内容、高效开展教学活动，也为教师选择教学策略、教学媒体提供依据。

（三）有利于学生的学习

教学目标是学生进行学习活动的指南，有助于发挥学生的学习积极性、主动性。对于学生来说，学习活动的第一步就是明确学习目标，学习目标明确与否决定着学生的学习态度和学习效果。

（四）有利于教学评价

教学目标是对教师的教学效果与教学效率进行评价的依据。评价教学目标达成与否，一是有助于教师对自身教学活动设计与实施过程进行反思，二是有助于学生进行自我评价，提高学习自信心、积极性等。

四、教学目标的表述维度

教学目标一般从知识与技能、方法与过程、情感态度与价值观三个维度来表述。知识与技能目标应该是可观察、可测量、可评价的，应该用指向学习结果的行为动词来说明，陈述应该具体、明确。过程与方法目标是指学生的学习过程，应该用过程性、体验性的行为动词表述。情感态度与价值观目标是需要长期实施来完成的,应该用体验性的行为动词来表述,一般不应有具体结果。

五、教学目标的表述

教学目标必须说明学生学习达到的程度和水平,必须克服模糊性和不确定性。

（一）教学对象的表述

学生是教学活动的核心,教学目标描述的应该是学生做什么,而不是教师做什么。因此,教学目标指向的主体是学生,是描述对学生提出的具体要求。由于主体是明确的,就没有必要在表述每一条目标时写上教学对象。

（二）行为的表述

在教学目标的表述中,行为的表述是最基本的成分,应说明学生通过学习活动后,能做什么。应怎样在教学目标中表述行为呢？描述行为的基本方法就是使用一个动宾结构的短语,其中,行为动词说明学习的类型,宾语说明学习的内容。例如"说出""列举""操作""比较"等都是行为动词,在其后加上动作的对象就构成了教学目标中关于行为的表述了。例如:

能够辨认西红柿、黄瓜等常见的蔬菜。

能根据自己的性别正确选择公共厕所。

会系红领巾。

能讲述自己保持校园环境的故事。

在上述的动宾结构中,宾语部分与教学内容有关。由于教学目标中的行为应具有可观察的特点,所以在描述行为时较为困难的是行为动词的选用。下面提供《义务教育初中科学课程标准(2011 年版)》附录 1 中有关行为动词的界定,供学习参考,如表 2-1所示。

表2-1　行为动词参考

分类	层次	各层次水平的界定	可参考选用的动词
认知性目标	了解	能说出知识的要点或事物的基本特征,并能在有关的问题中识别它们	描述、说出、复述、识别、列举、举例、指认等
	理解	能阐述知识的内涵,把握其内在逻辑关系,能用于解释简单现象或进行简单计算	解释、说明、比较、概述、认识、区别、辨别等
	应用	能将知识运用在新环境中,与已知知识建立联系,分析有关现象或提出解决问题的途径和方法	辨析、运用理论或模型分析、阐明、分类、推导、应用等
技能性目标	模仿	借助说明书或教师的示范进行操作和基本练习性操作	按照、根据、练习、尝试等
	独立操作	能独立进行目的明确的操作,能与已有技能建立联系	测量、测定、制作、查阅、收集、计算等
体验性目标	参与	经历某一学习过程,例如探究、实验、探索、阅读、参观、查询等	观察、体验、体会、感知等
	反应	在经历的基础上表达态度、情感和价值取向	关心、关注、注意、善于等
	领悟	经过一个阶段学习过程后对某些科学观念(假设与理论、态度、情感与价值观)的内化	形成、养成、树立、建立、具有、接受、拒绝、相信、支持等

（三）条件的表述

条件的表述是学生完成规定行为时所处的环境,包括在什么样的条件下完成教学目标所规定的行为,以及在什么样的情况下评价学生的学习结果。如要求学生"能辨认常见的蔬菜",那么条件要说明"是在教师语言提示下? 还是独立完成?"条件因素主要包括:一是环境因素(情境教室、现实环境等);二是人的因素(个体独立完成、在教师指导下完成、个体在集体的环境中完成等);三是设备因素(工具、设备、器材等);四是信息因素(图片、视频、教科书、图表等);五是时间因素(速度、时间限制等)。

（四）标准的表述

标准是行为完成质量可被接受的最低程度的衡量依据。对行为标准作出具体描述,就使得教学目标具有了可测量的特点。教师可根据标准来衡量学生完成教学目标所规定的行为质量,学生也可以根据标准来判断自己的行为是否达到了学习目标。标准一般可从完成行为的速度(时间)、完成行为的准确性和完成行为的质量(成功的特征)三个方面来确定。例如,"在 5 分钟内完成""正确操作"等。

📋 任务实施

以人民教育出版社出版的培智学校义务教育实验教科书《生活适应》二年级上册第 2 单元第 4 课《餐桌上的肉蛋奶》为例进行教学目标设计。

一、知识与技能

1.能识别指认生活中常见的肉类食物(红烧肉、牛排、羊肉串、鸡腿、红烧鱼和白灼虾等)、蛋类食物(水煮蛋、煎蛋和咸蛋等),以及奶制品(牛奶和酸奶等);

2.能对生活中常见的肉、蛋、奶等食物进行归类;

3.能简单表达自己在饮食方面的需求或喜好,比如"我喜欢吃……""我要吃……"

二、过程与方法

1.经历看一看、闻一闻、尝一尝的过程,认识肉、蛋和奶制品等食物;

2.经历动手操作、情境体验的过程,对食物进行归类;

3.经历情境体验、仿说练习,学会表达自己的需求。

三、情感态度与价值观

1.养成按时吃饭、不浪费食物、讲究卫生等饮食习惯;

2.具有健康饮食的意识。

📋 实训任务

请针对人民教育出版社出版的培智学校义务教育实验教科书《生活适应》二年级上册第 2 单元第 6 课《帽子和手套》进行教学目标设计。

知识窗 [二维码] 坚持以人民为中心发展教育，办好人民满意的教育

任务二　教学目标的修订

任务引导

含糊的教学目标不利于教学过程的设计与教学方法的选择,也不利于教学评价的实施。因此,教师应准确、明确地表述教学目标,为学生的学习活动、教师的教学活动、教学评价活动提供依据。

请思考:教师应该从哪些方面去观察评价教学目标的表述是否准确、清晰、可测量?

任务目标

1.举例说明教学目标表述中存在的典型问题;

2.发现并修订教学目标表述中存在的问题。

任务描述

传统的教学目标表述,常常存在以下几个典型问题。

第一,教学目标主体偏离。教学目标表述的是教师"做什么",不是表述学生能"做什么"。例如,"通过……的教学,培养学生的……能力"这样的教学目标,其行为主体是教师,表述的是教师在教学过程中,进行了相关的教学活动,教学目标应是学生的学习结果。

第二,教学目标表述使用的词语意义含糊。例如,教师常常使用"了解""理解""掌握"等动词来描述学生的能力状态,甚至用"深刻理解""充分掌握"等词语,这些词语含义宽泛,且不具体、不明确、不易观察。教学目标应使用一个动宾结构的短语明确、具体地表述可观察、可测量的目标。

第三,知识与技能、过程与方法、情感态度与价值观三个维度的目标相互混淆,混为一谈,三维目标应界限清晰。

第四,教学目标脱离教学实际。设计的教学目标与教学过程设计脱离、与教学实际脱离。教学目标是教与学活动的归宿,教学内容组织、教学方法选择、教学策略设计都是为教学目标的实现服务的。

🔖 任务实施

请针对人民教育出版社出版的培智学校义务教育实验教科书《生活适应》二年级下册第4单元第10课《使用公共厕所》的教学目标表述进行点评。

案例2-4

一、知识与技能

1.简单了解公共厕所的含义;

2.能认识厕所标志,分清女厕和男厕。

二、过程与方法

1.通过观看关于公共厕所介绍的视频,初步了解公共厕所的含义;

2.经历辨认生活中公共厕所的图片和照片的过程,认识公共厕所标志,分清女厕和男厕;

3.学唱公共厕所的顺口溜,养成良好的个人卫生习惯。

三、情感态度与价值观

1.能及时表达大小便意愿;

2.正确处理如厕事项,初步养成良好的个人卫生习惯。

点评

1.动词使用不恰当。知识与技能目标中"简单了解公共厕所的含义"表述不清晰,可改为"能说出公共厕所的作用"或"能指认公共厕所"。过程与方法目标中"基本了解并初步认识公共厕所标志",含义宽泛,不具体、不明确,可改为"会辨认公共厕所标识"。

2.过程方法目标和情感态度目标混淆。过程与方法目标中"养成良好的个人卫生习惯"不属于方法目标。

3.情感态度与价值观目标与知识技能目标混淆。情感态度与价值观目标中"能及时表达大小便意愿""正确处理如厕事项"都属于能力目标,可改为"养成及时表达大小便的习惯"。

案例 2-5

一、知识与技能

加深对公共厕所的认识。

二、过程与方法

1.在游戏活动中,学会使用设备设施,并且加深对图标的识别;

2.培养他们的表达能力和交往能力。

三、情感态度与价值观

体验学习的快乐。

点评

1.知识与技能目标不明确。陈述过于笼统,不能明确地体现学生学习的预期结果,可改为"学会正确使用公共厕所里的设施"。

2.行为主体为双主体。有些目标行为主体是学生,有的行为主体是教师,比如"培养他们的表达能力和交往能力"的主体是教师。

3.过程与方法目标陈述不恰当。可改为"经历情景模拟、角色扮演等活动,在遇到困难的情况下,能主动向他人(行人)求助"。

4.情感态度与价值观目标描述用词不当。"体验"属于过程目标描述使用的动词,可根据教学内容调整为"养成文明使用公共厕所的习惯"。

案例 2-6

一、知识与技能

1.知道在公共场所要大小便时,要去公共厕所;

2.能在各种不同的标识中找到公共厕所标识;

3.能在公共场所找到公共厕所。

二、过程与方法

1.经历情景模拟和角色扮演游戏,知道在公共场所不要随地大小便;

2.经历观看视频、游戏等学习活动,学会在公共场所的众多标识中分辨出公共厕所

标识;

3.通过实践操作,学会根据公共厕所标识寻找公共厕所。

三、情感态度与价值观

1.养成良好的文明卫生习惯;

2.乐于表达自己的需求。

点评

1.行为主体都是学生。

2.动词使用比较恰当,认知性目标能使用指向具体结果的行为动词;过程性目标能使用过程性动词,例如"经历"。

3.行为结果的表述也比较贴切,具有可操作性、可测量性。

实训任务

请针对给出的人民教育出版社出版的培智学校义务教育实验教科书《生活适应》二年级上册第 2 单元第 6 课《帽子和手套》教学目标表述的 2 个案例进行点评分析,指出其优点与不足,提出修订意见。

案例 2-7

一、知识与技能

1.认识生活中常见的手套;

2.会戴生活中常见的手套;

3.知道天气冷要戴手套。

二、过程与方法

通过教师播放《手套》的视频观察,以及实物展示能认识不同的手套,同时能够说出它们的名称并学习戴手套的方法。

三、情感态度与价值观

知道要在天气冷的时候戴手套,爱护自己的身体。

案例 2-8

一、知识与技能

1.能够认识生活中常见的帽子,如鸭舌帽、针织帽等;

2.能正确戴帽子。

二、过程与方法

1.通过图片的展示,学生能直观地认识到常见的帽子;

2.通过教师的讲解,能认识常见的帽子的部位;

3.通过播放视频,学会戴帽子的方法。

三、情感态度与价值观

知道天冷了,要戴帽子保暖,保护好自己的身体。

知识窗　扎根中国大地办好特殊教育

任务三　课时教学目标设计

任务引导

　　培智学校生活适应课程包括课程目标、学段目标、各学段各领域具体目标、课时目标等不同层次,这些不同层次的目标之间具有一定的逻辑关系。课时目标是指一节课的教学目标,即一节课所达成的教学结果。而一个教学内容,可以划分出若干个教学目标,一般情况需要几个课时才能完成。

　　请思考:针对一个教学内容或一篇课文教师应该如何分配课时并制定课时教学目标?

任务目标

　　1.熟知教学目标之间的逻辑关系;

　　2.理顺教学目标之间的逻辑关系,根据逻辑设计课时教学目标。

任务描述

　　一个教学内容的若干教学目标之间是具有一定的逻辑关系的。因此,教师应对教学目标的内在逻辑关系进行分析,不能无视目标之间的逻辑顺序。没有逻辑顺序的教学目标设计是没有结构的,不利于学生学习和形成认知。

一、厘清教学目标的逻辑关系

　　以人民教育出版社的培智学校义务教育实验教科书《生活适应》二年级下册第 4 单

元第 10 课《使用公共厕所》为例,理解教学目标之间的逻辑关系。

通过对课程标准和教材分析,《使用公共厕所》的教学内容包括知道在公共场所要大小便时应使用公共厕所;认识公共厕所的标识,理解公共厕所的含义;分辨男女厕所标识,知道男生上男厕、女生上女厕;认识公共厕所内的设施,会安全使用公共厕所内的设施。

以上这些知识与技能目标点就是这篇课文教学目标的一个逻辑顺序,前一个知识点的认知是下一个知识点学习的基础。

二、根据逻辑关系安排课时与设计课时目标

在厘清了教学目标之间的逻辑关系之后,便可以开始进行课时安排与课时目标设计,但应注意以下几个的地方。

1.教师要根据学生的认知特点和知识点之间的逻辑关系合理安排课时目标。比如学生一定是在达成“在公共场所要大小便时应使用公共厕所”目标的基础上,再达成“辨认公共厕所标识”“区分男女厕所标识”“根据性别选择公共厕所”“安全使用公共厕所设施”等目标,教师应依据学生的学习能力进行教学内容的选择与课时安排,一般可分为 3~4 个课时完成。

2.一个课时的目标是有一定的关联的,并有先后顺序。比如“区分男女厕所标识、根据性别选择厕所”两个教学目标需要安排在一个课时中完成。

3.一个课时的三维目标,以知识与技能目标最为关键,过程与方法目标、情感态度与价值观目标都是围绕知识与技能目标进行设计的。

📋 任务实施

以人民教育出版社出版的培智学校义务教育实验教科书《生活适应》二年级下册第 4 单元第 10 课《使用公共厕所》为例,进行课时安排及课时知识与技能目标设计。

第一课时:

1.知道在公共场所要大小便时应使用公共厕所,不能随地大小便;

2.辨认 3~4 种常见的公共厕所标识。

第二课时：

1.区分男女厕所标识；

2.根据自身性别正确选择公共厕所。

第三课时：

1.说出公共厕所内的基本设施的名称,如蹲厕、小便器、洗手池；

2.安全使用厕所常见设施,如蹲厕、小便器、洗手池。

第四课时：

能运用知识解决日常生活中在公共场所的如厕问题,如表达上公共厕所的意愿、正确选择适合性别的厕所、安全使用公共厕所设施。

实训任务

请针对人民教育出版社出版的培智学校义务教育实验教科书《生活适应》二年级上册自选一篇课文,进行课时安排并分别制定各课时的知识与技能教学目标。

知识窗

涵养特殊教育情怀，关爱尊重每一名特教学生
——特殊教育专业师范生教师职业能力标准（试行）（节选）

项目三　教学策略设计

项目概述

教学策略设计就是研究怎样教、怎样学才能低耗高效地实现教学目标,解决"如何教""如何学"的问题,即教学顺序安排、教学方法与教学组织形式选用以及教学媒体应用,本项目从以上四个方面引导大家学习生活适应课程教学的教学策略设计。共 10 学时。

学习目标

素质目标	1.理解立德树人的内涵,形成立德树人的理念 2.具有正确的残疾人观、特殊儿童发展观和教育观,具有将学生的品德养成、知识学习与能力发展相结合,潜能开发与缺陷补偿相结合,提高学生的综合素质的意识 3.树立爱岗敬业精神,积极钻研,富有爱心、责任心、恒心,工作细心、耐心
知识目标	1.说明教学策略设计的依据 2.理解智慧技能、言语信息、动作技能、态度的教学顺序设计基本原理 3.了解生活适应课程教学常用的教学方法、教学组织形式 4.掌握教学媒体类型及其作用
能力目标	1.能依据课程标准、教学目标及教学内容,合理安排教学顺序 2.能依据教学目标需要合理选用教学方法、教学组织形式、教学媒体

📋 项目导航

```
                                    ┌─────────────────────┐
                          ┌─────────│ 智慧技能的教学顺序设计 │
                          │         └─────────────────────┘
                          │         ┌─────────────────────┐
                          ├─────────│ 言语信息的教学顺序设计 │
                          │         └─────────────────────┘
                          │         ┌─────────────────────┐
                          ├─────────│ 动作技能的教学顺序设计 │
                          │         └─────────────────────┘
        ┌───────────┐     │         ┌─────────────────────┐
        │ 教学策略设计 │─────┼─────────│ 态度的教学顺序设计    │
        └───────────┘     │         └─────────────────────┘
                          │         ┌─────────────────────┐
                          ├─────────│ 教学方法的选择与运用  │
                          │         └─────────────────────┘
                          │         ┌─────────────────────┐
                          ├─────────│ 教学组织形式的选择与运用 │
                          │         └─────────────────────┘
                          │         ┌─────────────────────┐
                          └─────────│ 教学媒体的选用       │
                                    └─────────────────────┘
```

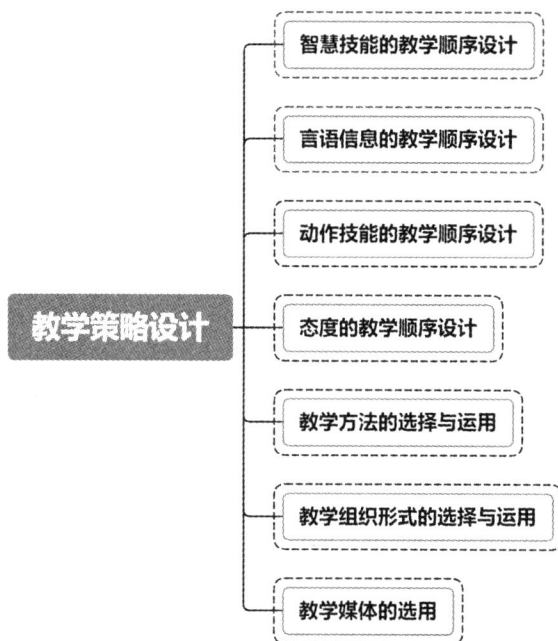

任务一　　智慧技能的教学顺序设计

📋 任务引导

在确定一个教学内容后,教师会要考虑这样一个问题:这个内容先教什么,再教什么? 通常情况下,教师会根据自己的教学经验来安排教学顺序,或是根据自己对内容的理解来安排教学顺序,但安排设计的教学顺序是否符合知识的逻辑与学生的认知逻辑呢? 要解决这个问题,离不开教学理论的支撑。

生活适应这门课程功能是要使学生具有基本的生活适应能力,而这种能力的习得,就必须先要让学生知道应该怎么做。例如,要提高学生的自我保护能力,就要掌握相关安全知识,即"知道要怎么做才是安全的",再掌握相关安全技能,即"会实施一些必要的安全措施",才能将自我保护落实到日常生活中。"知道要怎么做"就是这一部分的学习内容,即智慧技能的习得。

请思考:教师该如何安排设计智慧技能的教学顺序?

任务目标

1.描述教学策略的含义;

2.运用智慧技能理论进行教学顺序设计。

任务描述

一、教学策略的含义

一般来说,教学策略是指为达到某种目标所使用的手段和方法。可以从以下两个方面来理解这个概念:一是教学策略是在某种教学理论、教学思想指导下确定的,只有在一定的教学理论指导下,才能提出和确定采取何种教学策略。或者说,教学策略应用体现教学理论,是教学理论的具体化,并使之具有一定的可操作性。二是教学策略是为实现教学目标服务的,是在对教学过程各结构要素分析之后,针对教学过程的总体安排和策划,科学合理地安排教学顺序、选择教学方法、选用教学组织形式、教学媒体等,低耗高效地达成教学预期目标。

二、教学顺序的含义

教学顺序是指学习内容各组成部分的排列次序,是对"先教什么""后教什么""先学什么""后学什么"做出科学的安排。

加涅提出了五类学习结果:智慧技能、认知策略、言语信息、动作技能、态度。下面就来了解智慧技能的教学顺序。

三、智慧技能的教学顺序

（一）智慧技能的概念

智慧技能作为一类学习的结果,是指能使学生运用概念符号与环境相互作用的能力。其表现为:在具体应用时,能表现出知道如何进行理智的操作,即知道怎样操作。智慧技能学习最主要的特征是它依赖其他简单知识的学习,帮助学生建立概念、规则,并运用概念、规则,最终用于解决生活中实际问题。

（二）智慧技能的教学顺序

加涅把智慧技能按照从简单到复杂的顺序分为辨别、概念、规则、问题解决的学习为主,如图 2-2 所示。

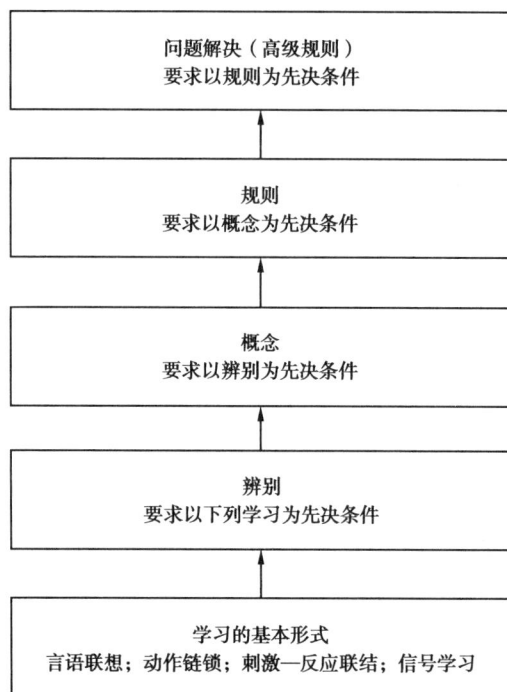

图 2-2　智慧技能的层次由简单到复杂(自下而上)

辨别是将刺激物的一个特征和另一个特征或一个符号与另一个符号加以区别的习得能力,包括视觉、听觉、嗅觉、触觉、味觉等方面的辨别。

概念是在一系列事件中找出共同特征并给同类事物赋予同一名称的一种习得技能。

规则是揭示两个或更多概念之间的关系的一种语言表述。规则可以是一个定律、一条原理、一套确定的程序。

问题解决是把一些简单的规则组合为复杂的、高级的规则。

(三)需要说明的地方

1.智慧技能教学顺序的排列,都是从较简单的知识开始的,复杂技能的学习是以简单技能的学习为先决条件的,顺序是不能颠倒、错乱的。因此,在教学活动中,要采用从最简单技能的学习开始,进而过渡到学习复杂的技能,要依据这个教学顺序分配课时。

2.智慧技能教学顺序反映的是学生的一个认知顺序,对一个事物的认知有时候并不一定出现在一篇课文中,可能是由两到三篇课文来构建完成。例如《生活适应》一年级下册第2单元第9课《学穿衣服》,在这个内容之前的一年级上册教材安排了《常见的衣物》,已经帮助学生建立了"衣服"的概念,因此,教师在实际教学过程中,要对教材进行分析,注意前后知识的关联,了解学生头脑中已经存在的知识。

任务实施

以人民教育出版社出版的培智学校义务教育实验教科书《生活适应》二年级上册第2单元第6课《帽子和手套》教学目标"认识各种不同的帽子,建立帽子的概念;会戴帽子。"为例进行教学顺序分析。

1.认识各种不同的帽子。教师展示各种不同的帽子(实物和图片),与学生生活经验或头脑中已经存在的知识经验建立联系,学生通过观察、触摸、分享等方式,理解记忆不同帽子的名称、样式、功能、使用情境等。

2.区分辨别各种不同的帽子,发现共同特征,建立帽子的概念。帽子是戴在头上的,具有保护头部、美观等功能;帽子一般都有帽檐、帽顶、装饰或标识等。

3.知道戴帽子的步骤。

（1）区分帽子的前后；

（2）把帽子戴在头上；

（3）整理帽子，使帽子戴得美观、不遮挡视线等。

4.知道要根据不同的情境选择不同的帽子，并要戴好帽子。

实训任务

请针对人民教育出版社出版的培智学校义务教育实验教科书《生活适应》一年级下册第2单元第9课《学穿衣服》进行教学顺序分析。

知识窗　　党的教育方针的历史变迁

任务二 言语信息的教学顺序设计

任务引导

根据生活适应课程特点,有这样一种类型的教学内容:一是命名,即给物体的类别以称呼,例如:看到蔬菜的图片能用"蔬菜"来称呼,或用"这是蔬菜"表述;二是表述事实,例如:宁宁是我的好朋友,她是女生。这类学习内容属于言语信息,来提高学生的语言表达能力,以适应社会。

请思考:教师该如何安排设计言语信息的教学顺序?

任务目标

1.描述言语信息教学顺序设计原理;

2.运用教学理论进行言语信息的教学顺序设计。

任务描述

一、言语信息的概念

言语信息作为一类学习结果,是指学生通过学习后,能够记忆诸如事物的名称、符号、地点、事件、定义、对事物的描述等具体的事实,能够在需要时将这些事实表述出来。即用语言表述的方式来回答、说明事物是什么、为什么和怎么样的问题,可用来区别和辨别事物,一般通过记忆获得。

在教学中,判断学生是否通过学习获取了信息,主要是看学生能否把所获得的信息通过语言的方式表述出来。

二、言语信息的分类

各种言语信息的复杂程度不同,加涅把它们由简到繁分为三种类型。

1.符号和概念学习。即给物体的类别以称呼,也就是对字词知识的学习,学习与记忆事物的名称概念。例如:"妈妈""水果"等。

2.事实学习。即命题,用简单的句子表述事实,以概念的学习为前提。例如:"北京是中国的首都""我是中国人"等。

3.有组织的知识学习。即各种命题和事实的聚合体。例如:"三角形的面积等于底乘高除以 2""这是我的妈妈,妈妈的名字叫李华"等。

以上三个方面属于认知学习。获得事物的概念,是较简单的认知学习;习得表示事物之间关系的命题,是较复杂的认知学习;学生头脑中的原有命题与新知识建立联系,获得有关事物的概念、规则乃至高级规则,并将这些概念、规则运用于实践,解决实际问题,是更复杂的认知学习。

三、言语信息的教学顺序

培智学校生活适应课程有一项主要功能是提高培智学生适应社会的能力,这个社会适应能力的外在主要表现就是沟通与交往,要帮助他们习得沟通与交往技能,教师通常是以口头或文字的形式传授,看学生能否把所获得的信息表述出来,来判断学生是否掌握了信息。

言语信息的学习可以分为两类:一类是一项言语信息与另一项言语信息之间不存在学习迁移的联系。例如,记住父亲和母亲的电话号码,在教学顺序上,先学什么,后学什么,都可以。另一类是有意义的言语信息的学习,这时就需要按照一定的逻辑关系来安排教学顺序了。

根据培智学校学生的学习特点与教材设计特点,一般涉及言语信息教学内容时,教材会呈现一般性的、有较大包容性的、最清晰的和最稳定的引导性的句型句式,联系有意义的上下文或学生的生活实际经验,要求学生运用其已有的认知结构、按照一定的逻辑顺序来组织材料,进行仿说练习,再通过强化、记忆等方式,获得新的知识。

任务实施

以人民教育出版社出版的培智学校义务教育实验教科书《生活适应》二年级上册第3单元第8课《我的大家庭》教学目标"会简单介绍自己的爸爸妈妈"为例进行言语信息的教学顺序设计。

一、教学顺序设计

1.认知记忆"爸爸""妈妈""家庭""一家人"等字词。让学生联系自己生活中的全家福照片,理解照片中的人物,理解"爸爸""妈妈""家庭""一家人"等字词的含义。

2.仿说简单的句式。让学生结合自己生活中的全家福,进行句式仿说练习。

(1)学习句式:这是_____。

　　　　"这是爸爸。"

　　　　"这是妈妈。"

(2)学习句式:这是我的_____。

　　　　"这是我的妈妈。"

　　　　"这是我的爸爸。"

3.仿说复杂的句式。让学生结合自己生活中的全家福,进行句式仿说练习。

(1)学习句式:_____的名字叫_____。

　　　　"妈妈的名字叫李华。"

　　　　"爸爸的名字叫王刚。"

(2)学习句式:这是我的_____,_____的名字叫_____。

　　　　这是我的妈妈,妈妈的名字叫李华。

　　　　这是我的爸爸,爸爸的名字叫王刚。

4.实践练习:设置情境,运用所学句式向同学和老师介绍自己的家人。

二、需要注意的地方

1.言语信息的学习要按照一定的逻辑顺序来组织材料,要从简单的认知到较复杂的认知学习再到更复杂的认知学习。

2.教师在实际教学过程中,要了解学生已有的知识基础,要注意前后知识的关联。比如说学生在生活语文课程的教学中,已经认知"爸爸""妈妈""家庭""一家人"等字词,也学会了说"这是我的爸爸"这个的句式,那么在新授时就可以省略这个句式的教学,改为复习。

3.言语信息的学习,根据培智学生的认知特点,需要结合生活实际,引导学生多读、多说、多练,理解句子表达的意义,积累词汇与句式,达到熟练的程度,提高语言表达能力。

📋 实训任务

请针对人民教育出版社出版的培智学校义务教育实验教科书《生活适应》二年级上册第 3 单元第 8 课《我的大家庭》教学目标"了解家庭成员关系,学会表达'我是爸爸妈妈的儿子(女儿)'"进行言语信息教学顺序设计。

知识窗　立德树人是人才成长的根本规律

任务三　动作技能的教学顺序设计

任务引导

　　培智学校生活适应课程的主要功能是提高培智学生的生活适应能力,其中有很多是关于动作技能的学习,比如说洗手、洗脸、刷牙、梳头、洗澡等。

　　请思考:教师该如何安排设计动作技能的教学顺序?

任务目标

　　1.描述动作技能的形成过程;

　　2.运用动作技能理论进行教学顺序设计。

任务描述

一、动作技能的概念

　　动作技能也称操作技能,是人类有意识、有目的地利用身体动作去完成一类任务的能力。动作技能是一种习得的能力,包含有动作成分,只有当人们利用一组动作去完成一项具体的任务或解决一个问题时,这时人们的活动才能被称作动作技能。

二、动作技能的构成

　　一般认为动作技能包括三个方面的成分。

1.动作或动作组:反射动作、基本-基础动作、技巧动作。

反射动作是最简单的单元动作;基本-基础动作是由一系列反射动作组成,大都是比较普通的动作,如跑、跳、滚、抓等;技巧动作是由一系列的基本-基础动作组合而成,带有较明显的专业性或行业性,如打乒乓球、打篮球等。

2.知觉能力:当完成动作技能任务时,知觉的参与是必需的、重要的,知觉部分缺失往往会导致不能完成某些动作技能。因此,知觉是动作技能的组成部分之一。知觉能力包括动觉、听觉、触觉辨别能力,其中手眼协调、手脚协调、身体平衡对完成任务有重要意义。

3.体能:有些动作任务的完成需要一定的体能,体能也是动作技能的组成部分之一。体能主要包括耐力、力量、韧性、敏捷性。

三、动作技能的教学顺序

关于动作技能的教学顺序,加涅和布里格斯提出的主要原则是,先教局部技能,通过大量的练习,掌握了局部技能要领后,再进行全套动作的学习。根据这一原则,对动作技能教学顺序的设计,一般地说,可以包括四个递进的阶段:认知阶段、分解阶段、定位阶段和自动化阶段。

(一)认知阶段

认知的内容包括知识和动作两个方面,即了解动作活动的结构与要求,在头脑中建立起动作活动的定向映像的过程,形成对动作的初步认识。知识方面,应使学生了解某种技能的有关知识、性质、作用;动作方面,让学生了解动作的难度、要领、注意事项、动作进程等,包括讲解和示范两个环节。

(二)分解阶段

把全套动作分解成若干局部孤立动作呈现给学生,让学生逐个学习和模仿单个动作。此阶段的动作具有以下特点:

1.动作品质:动作的稳定性、准确性、灵活性差。

2.动作结构:各个动作要素之间的协调性差,互相干扰,常有多余动作产生。

3.动作控制:主要靠视觉控制,动作控制水平较低,不能主动发现错误与纠正错误。

4.动作效能:完成一个动作往往比标准速度要慢,个体经常感到疲劳紧张。

（三）定位阶段

在完成分解动作基础上,将各个分解动作连为一体,完整展现给学生。学生再经过反复练习,把分解阶段习得的动作固定下来,并使各动作相互结合,成为定型的、一体化的动作。此阶段的动作具有以下特点。

1.动作品质:动作可以表现出一定的稳定性、精确性和灵活性,但当外界条件发生变化时,动作的这些特点都有所降低。

2.动作结构:动作的各个成分趋于分化、精确,整体动作趋于协调、连贯,各动作成分之间的相互干扰减少,多余动作也有所减少。

3.动作控制:视觉控制不起主导作用,逐渐让位于动觉控制。肌肉运动感觉变得较清晰、准确,并成为动作执行的主要协调器。

4.动作效能:疲劳感、紧张感降低,心理能量的不必要消耗减少,但没有完全消除。

（四）自动化阶段

在定位阶段的基础上,再经过大量的练习,学生所形成的动作方式对各种变化的条件具有高度的适应性,动作执行达到高度的完善化和自动化。此阶段的动作具有以下特点。

1.动作品质:动作具有高度的灵活性、稳定性和准确性,各种变化的条件下都能顺利完成动作。

2.动作结构:各个动作之间的干扰消失,衔接连贯、流畅、高度协调,多余动作消失。

3.动作控制:动觉控制增强,不需要视觉的专门控制和有意识的活动,视觉注意范围扩大,能准确地觉察到外界环境的变化并调整动作方式。

4.动作效能:心理消耗和体力消耗降至最低,表现在紧张感、疲劳感减少,动作具有轻快感。

四、需要注意的地方

1.准确的示范与讲解。示范的有效性取决于许多因素,如示范者的身份、示范的准确性、示范的时机。进行讲解与指导时,要注意言语的简洁、概括与形象化;不仅要讲解动作的结构与具体要求,也要指导学生注意、体验执行动作时的肌肉运动知觉。

2.必要而适当的练习。练习是形成各种技能不可缺少的关键环节,通过运用不同形式的练习,使学生掌握技能。一般来说,随着练习次数的增多,动作的精确性、速度、协调性等会逐步提高。为促进动作技能的形成,过度学习是非常有必要的。但值得注意的是,并非过度学习的量越大越好,超量的过度学习可能导致相反的结果,使学生疲劳,失去兴趣,使错误动作定型化。

3.充分有效的反馈。准确的结果反馈可以引导学生矫正错误动作,强化正确动作,改善动作,同时可以使学生获得自我的肯定,激发学习兴趣。

📋任务实施

以人民教育出版社出版的培智学校义务教育实验教科书《生活适应》一年级下册第2单元第9课《学穿衣服》教学目标"学会穿套头衫"为例进行动作技能教学顺序设计。

一、整体感知"穿套头衫"的完整动作进程(认知阶段)

1."穿套头衫"操作演示或展示操作视频,让学生了解穿套头衫的完整动作进程,同时提出有关动作进程、动作细节的问题引导学生观察。

2.讲解穿套头衫的动作进程、动作要领、注意事项,引起学生的重视;同时把穿套头衫的整套动作分解成"分清上衣前后""套头""穿袖子""整理"四个动作,板书步骤图。

二、分步骤学习"穿套头衫"(分解阶段)

1.分解动作一"分清套头衫前后"的动作学习。

（1）教师演示动作,讲解动作要领及注意事项,要求学生注意观察。

（2）跟随教师的操作演示或视频示范,学生进行模仿练习;同时教师进行观察、指导、评价,当学生出现错误动作时,要求学生再次观看示范,纠正错误动作。

2.分解动作二"套头"的动作学习（教学步骤同分解动作一）

3.分解动作三"穿袖子"的动作学习（教学步骤同分解动作一）

4.分解动作四"整理"的动作学习（教学步骤同分解动作一）

三、"穿套头衫"完整动作练习（定位阶段）

1.按顺序完整呈现"穿套头衫"全套动作。要求学生仔细观察,并联系之前学习的分解动作再次强调动作进程、动作要领、注意事项。

2.学生练习"穿套头衫"全套动作,并注意动作之间的衔接连贯。教师观察、指导、评价,当学生出现错误动作时,要求学生再次观看个别分解动作示范,结合教师的提示讲解,纠正错误动作。

四、大量练习"穿套头衫"的动作达到熟练的程度（自动化阶段）

学生反复地练习"穿套头衫"全套动作,把习得的动作固定下来,学会规范、标准的"穿套头衫"动作,逐步达到熟练的程度。

📋 实训任务

请针对人民教育出版社出版的培智学校义务教育实验教科书《生活适应》二年级上册第 2 单元第 6 课《帽子和手套》教学目标"学会戴手套"进行教学顺序设计。

知识窗　教育部关于进一步加强新时代中小学思政课建设的意见（节选）

任务四　态度的教学顺序设计

⬛ 任务引导

培智学校生活适应课程的还有一项重要功能,就是帮助培智学生形成良好的行为习惯,形成热爱祖国、热爱人民、热爱中国共产党的情感和态度,培育和践行社会主义核心价值观。

请思考:教师该如何安排设计态度的教学顺序?

⬛ 任务目标

1.解释说明态度形成的基本原理;

2.合理设计教学顺序,帮助学生形成情感态度与价值观。

⬛ 任务描述

一、态度的概念

态度是一种影响和调节个体行为的内部状态,是一类学习结果,一般把它归为情感领域,也有人把它定义为"习得的、影响个人对特定对象作出行为选择的有组织的内部准备状态"。

《培智学校义务教育生活适应课程标准(2016 年版)》对接了《义务教育品德与生活课程标准(2011 年版)》《义务教育品德与社会课程标准(2011 年版)》《义务教育思想品德课程标准(2011 年版)》《义务教育历史与社会课程标准(2011 年版)》,以社会主义核心价值观为指导,对学生进行社会公民意识、行为和价值观的教育。内容包括基本品德习惯和道德修养,作为公民应具有的对社会的关心,对国土、国家历史、民族和文化的了解,基本的价值判断和理解、分析社会问题的能力,对国家和民族的自豪感和责任感等。

二、态度的教学顺序

为了使学生形成态度,学生应该学习什么? 心理学研究表明:态度包括认知成分(对人、事物、活动的认识),情感成分(对人、事物、活动的好恶),行为倾向成分(选择行动的可能)。态度影响着学生行为的选择。

在教学设计中,要使学生表现出教学目标所要求的态度时,就要使学生知道应该怎么做? 以培养学生某些行为规范为例,当学生表现出愿意按行为规范去做时,那么就有必要教会他们学习这些行为规范。例如学会在升旗时唱国歌,做到肃立敬礼、佩戴好红领巾、衣着整洁等,爱国爱党的态度才能形成;学会正确刷牙漱口方法,良好的卫生习惯才能形成;学会按照交通信号行走,遵守交通规范的态度才能形成。

当然,态度的形成还必须要让学生了解形成这种态度具有的意义,即要使学生懂得具有良好行为的意义。例如让学生学习了解国旗的知识;学习保护牙齿有益健康的道理;学习交通知识,了解某些人因不遵守交通规则而承受的损失等。

由此可见,态度的教学,需要从知识的学习和技能的学习开始,并渗透在知识或技能的学习过程中。

任务实施

以人民教育出版社出版的培智学校义务教育实验教科书《生活适应》二年级上册第5单元第12课《我是中国人》为例进行教学顺序设计,帮助学生形成爱国的态度。

《我是中国人》这篇课文依据课程标准要求,教学目标是知道"我的祖国是中华人民共和国""我是中国人""北京是我国的首都",认识"五星红旗"等,形成热爱祖国的情感和态度。

1."会说'我的祖国是中华人民共和国''我爱祖国',树立爱国主义情感和民族自豪感"教学目标的教学顺序设计如下。

（1）认识国名,建立"中华人民共和国"的概念。通过对直观地图的认识,学习"中华人民共和国"国名,了解富饶美丽的中华人民共和国。列举事例让学生了解中华人民共和国地大物博、物产丰富、人民幸福,各行各业的劳动者建设国家,人民军队保卫国家等。

（2）建立"祖国"的概念。告诉学生我们都生活在"中华人民共和国"这片土地上,这是我们的祖国,从而引导学生学会表达并有感情地表达"我是中国人""我的祖国是中华人民共和国"。

（3）学习表达"我爱祖国",理解爱国的意义。列举榜样人物事例,让学生理解什么是爱国,为什么要爱国,激发学生的爱国之情以及民族自豪感,引导学生学会有感情地表达"我爱祖国"。

2.“会说‘五星红旗我国的国旗’‘我爱五星红旗’,树立爱国主义情感"教学目标的教学顺序设计如下。

（1）认识"五星红旗"。引入现实生活中的情境,从五星红旗的形状、颜色、图案、意义等几个方面认识五星红旗。

（2）认知并学会表达"五星红旗是我国的国旗"。引入现实生活中的情境,让学生了解五星红旗的应用场所、地点,知道五星红旗代表什么,具有什么意义,从而学会表达"五星红旗是我国的国旗";在学会表达的过程中渗透爱国主义教育。

（3）理解爱国的意义。列举事例,播放运动员获得世界金牌后身披国旗的场景视频,播放小学生看到国旗掉在地上,拾起来重新挂好等一些爱国行为的视频,帮助学生理解什么是爱国,为什么要尊敬五星红旗,形成热爱祖国的情感态度。

3.需要注意的地方。

（1）态度的学习,是以知识学习、技能学习为基础的,并伴随着知识与技能的学习而发生。根据培智学生的认知特点,德育材料的教学可以提供榜样材料让学生观察,由榜样材料示范个人行为,让学生了解并相信,最终形成情感态度。

（2）学生情感态度与价值观的形成,是一个日积月累的过程,不是一个课时就能解决的,需要通过长期不断的养成教育,落实到日常生活当中,才能形成。

实训任务

请针对人民教育出版社出版的培智学校义务教育实验教科书《生活适应》二年级上册第 1 单元第 3 课《我是少先队员》教学目标"建立少先队员的概念,为自己是少先队员而自豪"设计教学顺序。

知识窗

必须统筹推进学生的全面发展

任务五 教学方法的选择与运用

任务引导

在确定了教学目标、学习内容之后,教师还必须选定适合的教学方法,使教学目标得以实现。

请思考:教师该如何选择合理有效、实用经济的教学方法?

任务目标

1.说明教学方法选择的依据;

2.列举三种以上培智学校生活适应课程教学常用的教学方法;

3.依据教学目标需要合理选用教学方法。

任务描述

一、教学方法的含义

教学方法是师生为了完成一定的教学目的和任务,在教学过程中所采用的教与学相互作用的共同活动方式的总称。首先,教学方法是一种活动方式,既包括教师教的方法又包括学生学的方法,教师的教法与学生的学法是相互渗透、相互作用、相互影响的;此外,教学方法具有一定的目的性,是为实现教学目的、完成教学任务服务的。

二、选择教学方法的基本依据

每一种教学方法都有其使用范围和局限性,在选择教学方法时,应依据以下几个方面。

1.依据教学目标和任务。不同的教学目标和教学任务,需要不同的教学方法去实现和完成。每一节课都有具体的教学目标和任务,需要教师根据本节课的教学目标和任务,选择相应的教学方法。有时一节课要完成几项教学任务,则应选择几种教学方法。

2.依据学科特点和学习内容。不同学科有不同的特点,就需要采取不同的教学方法。同一学科的学习内容也具有不同特点,也要相应选择不同的教学方法。

3.依据学生的特征。不同阶段的学生,在生理和心理方面各不相同,特别是学生的学习过程因其年龄不同而表现出很大的差异性。因此,教师在选择教学方法时,必须充分考虑教学对象的年龄特征和心理特点。

4.依据教师自身的特点。任何一种教学方法,只有符合与适应教师自身特点,为教师理解和把握,才能在教学活动中有效应用,充分发挥其功能和作用。教师自身特点主要表现为表达能力、思维品质、教学技能、教学艺术、教学风格、组织能力、调控水平等。

5.依据教学方法本身的特点。各种教学方法都是具体的,都有运用教学方法的基本要求。即各种教学方法都有各自不同的特点和功能,以及各自不同的职能、适应范围和应用条件,因此,在选择教学方法时,要了解各种教学方法的优越性和局限性,做到扬其所长,避其所短,真正发挥教学方法的优势。

6.依据教学环境条件。教学环境条件主要是指教学设备条件,如信息技术条件、设备条件、图书资料条件等;教学空间条件,如教室场地条件、情境教室条件等,以及教学时间条件等。

三、常用的教学方法

1.任务分析法。也叫工作分析法、工序分析法,是对特定的、复杂的学习行为或技能进行分析、评定的一种方法,其理论基础是行为主义心理学。任务分析法指对某一技能或工作(整体的工作目标)依其顺序或构成而作的分解(分解为小阶段、小步骤、小目标),通过教学策略的实施,进行各小目标及最后目标的评量,从而获得整体工作完成。采用任务分析法的要求是:教师要分析任务目标、教学环境和可能达到的结果,从而决定划分行为步骤;在实施过程中,遇到困难的步骤可以再划分成更多的步骤;应配合示范讲解等方法。

2.演示法。演示法指教师在教学过程中,通过向学生展示实物、教具或通过让学生模仿教师的语言或动作,从而使他们获得充分的感性认知的方法。运用演示法的基本要求是:教师要根据教学内容确定演示目的,选用演示教具,做好演示准备;演示时要使学生能观察到演示对象,注意摆放的位置和出示的时间;要提出问题,引导学生观察演示对象的主要特征和重要方面;演示过程要恰当配合讲授谈话法;控制演示对象对学生的无关刺激。

3.同伴合作法。同伴合作法指依靠集体内同伴互相帮助以达到教学目的的方法。同伴合作法的基本要求是:充分了解学生各方面的情况,将智力水平、缺陷行为、兴趣爱好等相同或相似的学生组成小组;根据不同小组的具体情况提出具体、明确的要求;要经常检查各小组目标完成的情况,督促和帮助,防止偏离教学目标。

4.个别指导法。在教学互动中照顾学生的个别差异,提出不同的要求,给予不同的指导,使每个学生都得到最佳发展的方法。个别指导法的基本要求是:对每个学生的心理、生理缺陷,学习上的情况等都应加以研究,了如指掌;对具有不同性质、不同程度缺陷的学生提出不同的要求;个别指导与集体教学相结合。对一些障碍程度特别重的或者有特殊需要的学生,一定要给予个别指导。此外,对有一定危险性的教学内容也要给予给个别指导或协助。

5.多重感官教学法。多重感官教学法也称为视—听—动—触教学法,是一种广泛运用各种感觉器官,使学生从不同角度、不同侧面感知事物,接受信息,从而加深对该事物的理解,提高教学效果的方法。

6.情境教学法。情境教学法是教师在教学中创设一种与教学内容相似或相近的情境实施教学,做到情中有景、景中有情、情景交融,深化学生对知识的理解和应用的方法。

7.游戏教学法。游戏法是教师利用游戏的形式向学生传授知识、培养技能、补偿缺陷的一种教学方法。

📋 任务实施

以人民教育出版社出版的培智学校义务教育实验教科书《生活适应》二年级上册第1单元第2课《我的好朋友》为例设计教学目标并选用教学方法。

一、课时分配

课文分为三个课时进行教学,课时安排与教学目标设计如下。

第一课时能向他人介绍自己好朋友的名字和性别;

第二课时学会和好朋友相处的方式方法;

第三课时学会常用的社交方法,注意交往时的文明礼仪,愿意结识新朋友。

二、教学方法

第三课时教学方法的选用如下。

1.谈话法。在教学活动中,通过与学生交流,询问学生平常是用什么方法交朋友的?(或者你是怎样交到现在的好朋友的?)了解学生的实际情况。

2.讲解法。讲授一些基本的交友方法,如在交往时要注重自己的礼仪,可以主动介绍自己的名字提出交往的意愿,也可以分享自己喜欢的文具或食物,还可以主动去帮助别人等等方式,交往到新朋友。

3.直观演示法。通过观看图片、视频等直观材料的演示,学习基本的交友方法。

4.游戏法。通过"交朋友"的情景游戏,用自己喜欢的交友方式去结交新朋友,掌握交友的方法。

📋 实训任务

请针对人民教育出版社出版的培智学校义务教育实验教科书《生活适应》二年级上册第2单元第6课《帽子和手套》设计教学目标并选用教学方法。

人物故事  家访,访出教育好生态

任务六　教学组织形式的选择与运用

⊞ 任务引导

在教学中,为了达到教学目标,完成教学任务,需要通过一定的教学组织形式把师生组织起来,科学利用时空和教学条件安排教学活动。

请思考:教师该如何选择和运用教学组织形式?

⊞ 任务目标

1.列举常用的教学组织形式;

2.依据教学目标合理选用教学组织形式。

⊞ 任务描述

一、教学组织形式的含义

教学组织形式是围绕既定教学内容,在一定时空环境中,师生相互作用的方式、结构与程序。第一,教学组织形式要依据教学内容的需要而设计,如陈述性知识的教学一般采用集体教学形式,而表现为各种技能、技巧的程序性知识则要做到集体教学与个别化教学相结合。第二,教学组织形式是师生相互作用的方式,既可以是班集体中的师生互动,也可以是小组内的生生互动或个体的独立活动。第三,师生活动是在一定的时间和空间中完成,要遵循各种互动方式所要求的规范和程序。第四,教学活动是以教学组织形式为纽带,把教学内容、教学方法、教学媒体等要素按一定的程序集结起来,来保证教学目标的顺利完成。

二、常用的教学组织形式

（一）教学的基本组织形式——课堂教学

课堂教学是把学生按年龄和学习程度编成班级,由教师根据课程标准规定的课程内容和教学时数,按固定课程表进行教学的一种组织形式。

课堂教学这种组织形式,以讲授书本知识和进行课内活动为主,可使教学有计划、有组织地进行,学生之间可以在思想、学业等方面相互影响,相互学习,取长补短,共同提高。但这种组织形式也存在一定的局限性,主要表现在:强调全班学生在同一时间内,使用同一教材,按照同一进度去学习同一内容,难以照顾到不同程度学生的学习需要。

（二）教学的辅助组织形式——现场教学和个别化教学

现场教学是教师根据教学任务的需要,组织学生在真实的生活现场或事件发生的现场进行教学的一种教学组织形式。现场教学突破了课堂教学的限制,将教学与社会生活密切结合,使学生获得直接经验,并提升运用知识解决实际问题的能力。

个别化教学是在课堂教学基础上,针对学生的学习特点和特殊需求,所进行的学业上的指导。这种教学组织形式关注学生个体差异,因材施教,可以使每个学生都能学有所获,得到发展。个别化教学包括提供个别辅导、个性化的学习目标和策略支持等,也包括对学生进行学习目的、学习态度和学习方法上的指导等。

（三）教学的特殊组织形式——复式教学

复式教学是指把不同年级的学生编在同一个班级里,由一名教师在同一教室内,同一节课里,分别使用不同的教材,交替地向不同年级的学生进行教学的组织形式。复式教学适用于教师少、学生少、校舍少、设备不足、交通不便的农村、山区、牧区的小学等。

复式教学这种组织形式,对于教学时间的分配、教学内容的安排、作业的配备以及教学程序的处理等方面有着较复杂和较高的要求。在一节课内教师要合理巧妙地安排不同年级学生的活动,教学和作业要交替配合进行。这种教学组织形式的局限性,主要表现在不同年级的学生在同一教室里学习,互相干扰较多,维持课堂教学秩序的难度比较大。要想取得良好的教学效果,需要教师有高度的事业心和责任感,丰富的教学实践经验和较强的组织管理能力。

三、确定教学组织形式需要注意的问题

集体教学、分组教学、个别化教学各有其优势和劣势,教师要按学生学习特点和学习需求,根据教学目标确定组织形式。学生程度比较整齐,有学习能力就可以采用集体教学的组织形式;要强化训练,可采用分组教学或个别化教学。教师要合理安排,可以交叉运用。

🔖 任务实施

以人民教育出版社出版的培智学校义务教育实验教科书《生活适应》二年级下册第4单元第10课《使用公共厕所》为例设计教学目标与教学组织形式。

一、课时分配

课文分为四个课时进行教学,课时安排与教学目标设计如下。

第一课时知道在公共场所要大小便时应使用公共厕所,不能随地大小便;能辨认3~4种常见的公共厕所标识。

第二课时区分男女厕所标识,能根据自身性别正确选择公共厕所。

第三课时能说出公共厕所内的基本设施的名称,如蹲厕、小便器、洗手池;会安全使用厕所常见设施,如蹲厕、小便器、洗手池。

第四课时能运用知识解决日常生活中在公共场所的如厕问题,如正确选择厕所、安全使用厕所设施,具有基本的文明和安全意识。

二、教学组织形式

第一课时采用课堂教学的形式。利用学生亲身经验引出主题,让学生知道外出想上厕所时要使用公共厕所;出示学生生活中常见的公厕标识,认识并学会分辨公共厕所

标识。

第二课时采用在情境教室教学的形式。如在学校的情境教室模拟根据自身性别正确选择厕所。

第三课时采用在情境教室教学的形式。组织学生在学校的情境教室里认识厕所里的设施,学会安全、文明使用蹲厕、小便器、洗手池等常见设施。在学习过程中,针对不同能力层次的学生,采用分组教学与个别化教学的形式,对不同需求的学生进行学习指导。

第四课时采用现场教学的形式。组织学生到学校附近的社区,要求学生分小组运用所学知识与技能,指认公共厕所标识,并正确选择和安全使用公厕里的设施。

★ 实训任务

请针对人民教育出版社出版的培智学校义务教育实验教科书《生活适应》一年级下册第 2 单元第 5 课《常见的水果》设计教学目标与教学组织形式。

知识窗 新时代中小学教师职业行为十项准则

任务七　教学媒体的选用

📋 任务引导

教学过程的实质就是将人类在长期社会生产和社会生活中积累起来的社会生产经验和社会生活经验传递给下一代,在传播学看来,就是一个教学信息的传递过程。传递教学信息必须依靠能携带和传递信息的工具——教学媒体。

请思考:教师在教学中如何选用教学媒体?

📋 任务目标

1.描述教学媒体的作用;

2.根据教学目标与内容合理选用教学媒体。

📋 任务描述

一、教学媒体的概念与作用

（一）教学媒体的概念

教学媒体是为了实现教学目标,在教师教与学生学之间携带并传递教学信息的工具。教学媒体能够储存、表达、传递、传播教学信息,教学过程中为人所选择、控制、操作、使用。教学媒体一般包括硬件和软件两部分,硬件一般是指装备或设备的机件本身,如电视机、投影机、计算机等;软件一般是指储存教学信息的载体,如教学内容、教学程序、教学平台等。

（二）教学媒体的作用

展示事实,建立经验。媒体提供有关科学现象、形态、结构,或者史料、文献等客观真实的事实,使学生获得事实性材料,建立与学习内容相关的经验,理解所学内容。

创设情境,引发动机。根据学习内容,媒体提供一些相关的、真实的或模拟的情节、现象等,与学生已有的知识经验建立联系,激发学生的学习兴趣,引发学生的学习动机,从而主动学习、探索。

提供示范,准确操作。媒体提供标准的规范的行为模式(如语言、动作),给学生进行模仿练习,从而掌握规范的操作步骤。

呈现过程,解释原理。媒体提供典型事物的运行、成长、发展的完整过程,并借助语言的描述,使学生了解典型事物的特性、发生和发展的原因、规律,并进行演绎或类比学习,从而掌握科学原理。

设疑思辨,解决问题。媒体提供某一事物典型的现象或过程,设置疑点或问题,供学生分析、思考、探究、发现,以帮助学生理解原理,掌握分析和解决问题的步骤。

提供评价分析。当今强调评价方式的多元,对学生进行全面评价,媒体为多元评价提供了评价分析的材料、方式、工具以及便于呈现结果。

二、教学媒体选择的基本原则

发展性原则。在选择教学媒体时,应考虑它在多大程度上能发挥教育作用,促进学生身心各方面的发展。

综合性原则。在选择教学媒体时,应综合多样化,避免单一,使之相互补充,满足不同学生的学习需求,提高学生的学习兴趣。

最优化原则。在选择教学媒体时,要服从于整体教学设计,应考虑其在实现教学目标过程中的实际应用效益,尽可能低耗高效达成教学目标。

三、教学媒体的选择

教学媒体的选择,与教学目标、教学内容、教学方法、教学形式等密切相关,可分为四个步骤。

1.确定需要使用媒体来表现的教学内容。

2.甄别可供选择的媒体类型。依据现有不同媒体的不同功能、特性,围绕教学目标与教学内容,选择合适的媒体。

3.选定高效低耗的媒体。例如,依据媒体对实现教学目标所起到作用的大小程度选择媒体,依据媒体制作所需要付出的成本(设备、材料、人员等)选择媒体。

4.设计媒体出示的时机、方式、步骤和次数。例如,媒体演示是在集体教学演示时呈现,还是在个别教学时呈现? 视觉内容是用静止图像还是运动图像来呈现? 视觉内容是否要配音? 什么时候使用视觉图像或听觉音频? 视觉图像呈现的顺序如何安排? 视觉图像和音频呈现多少次?

四、需要注意的地方

1.一个知识点根据培智学生的知识基础、认知能力往往有几个水平,可以根据需要编制表格。

2.一个水平可由一种或几种媒体与之对应。

📋 任务实施

以人民教育出版社出版的培智学校义务教育实验教科书《生活适应》一年级下册第1单元第1课《我是好学生》为例设计教学目标、选用教学媒体。

一、课时分配

课文共分为四个课时进行教学。第一课时的教学内容为知道有礼貌是好学生的表现。第二课时的教学内容为知道守纪律是好学生的表现。第三课时的教学内容为知道爱学习是好学生的表现。第四课时教学内容为知道勤锻炼是好学生的表现。

二、第二课时教学目标设计

（一）知识与技能

1.能说出遵守纪律的具体做法；如，每天按时到学校、上课不乱跑、课间不打闹、做事有秩序；

2.能区别在校守纪律与不守纪律的做法。

（二）过程与方法

1.经历观看视频、图片以及交流讨论，理解守纪律的具体做法；

2.经历对比图片、观察分析，分辨守纪律与不守纪律行为。

（三）情感态度与价值观

具有遵守学校各项纪律的意识。

三、教学媒体选用如表 2-2 所示。

表 2-2　教学媒体选用表

知识点	认知水平					媒体类型	内容要点	作用
	识记	理解	应用	分析	综合			
1		√				视频	流动红旗班级特征：遵守秩序、课间不打闹、上课不走动等	展示事实建立经验引发动机
2		√				视频	守纪律特征一：按时到学校	提供示范显示特征突破难点

续表

知识点	认知水平					媒体类型	内容要点	作用
	识记	理解	应用	分析	综合			
3	√					字卡	按时到学校	明确要求 强化要点
4		√				视频	守纪律特征二:课间不打闹	提供示范 显示特征 突破难点
5	√					字卡	课间不打闹	明确要求 强化要点
6		√				图片	守纪律特征三:上课不乱跑	提供示范 显示特征 突破难点
7	√					字卡	上课不乱跑	明确要求 强化要点
8		√				视频	守纪律特征四:做事有秩序	提供示范 显示特征 突破难点
9	√					字卡	做事有秩序	明确要求 强化要点
10			√	√		图片	我是小小纪律委员	对比评析
11	√				√	音频	守纪律口诀	突出重点 总结概括

实训任务

请针对人民教育出版社出版的培智学校义务教育实验教科书《生活适应》,自选一篇课文设计教学目标、选用教学媒体。

典型案例

违反教师职业行为十项准则案例

项目四 教学过程设计

项目概述

教学是一种需要一定时间并按一定流程进行的活动。因此,教学活动的发生、发展、结束的一般进程就是教学过程。本项目从教学过程流程图设计、示范型课堂教学过程流程图设计、逻辑归纳型课堂教学过程流程图设计、逻辑演绎型课堂教学过程流程图设计、探究发现型课堂教学过程流程图设计五个方面来引导大家学习生活适应课程教学的教学过程设计。共 8 学时。

学习目标

素质目标	1.具有健全的人格和积极向上的精神 2.有严谨、细致、科学的治学态度和终身学习与持续发展的意识 3.具有正确的残疾人观、特殊儿童发展观和教育观
知识目标	1.了解教学过程的基本要素及其功能 2.掌握示范型、逻辑归纳型、逻辑演绎型、探究发现型四种课堂教学过程流程图适用的学习任务、流程特点和注意事项
能力目标	1.能用规定的图形符号来设计一节课的教学流程 2.能结合教学目标与内容恰当运用示范型、逻辑归纳型、逻辑演绎型、探究发现型四种课堂教学过程流程图进行教学过程设计

项目导航

```
                              ┌─────────────────────────┐
                              │ 教学过程流程图设计          │
                              └─────────────────────────┘
                              ┌─────────────────────────┐
                              │ 示范型课堂教学过程流程图     │
                              │ 设计                      │
                              └─────────────────────────┘
        ┌──────────┐          ┌─────────────────────────┐
        │ 教学过程设计 │──────────│ 逻辑归纳型课堂教学过程流     │
        └──────────┘          │ 程图设计                  │
                              └─────────────────────────┘
                              ┌─────────────────────────┐
                              │ 逻辑演绎型课堂教学过程流     │
                              │ 程图设计                  │
                              └─────────────────────────┘
                              ┌─────────────────────────┐
                              │ 探究发现型课堂教学过程流     │
                              │ 程图设计                  │
                              └─────────────────────────┘
```

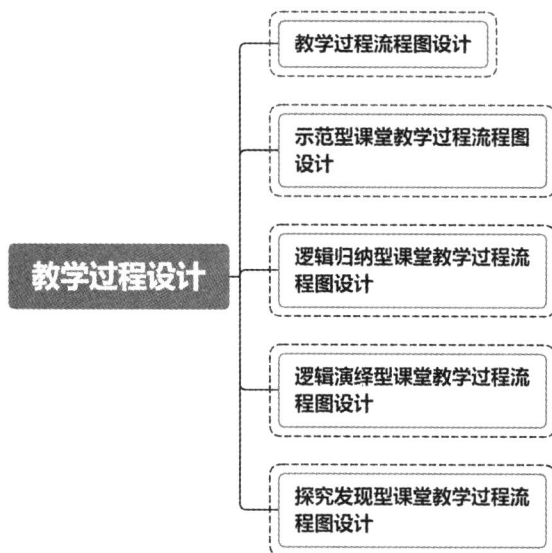

任务一　　教学过程流程图设计

任务引导

　　为低耗高效地达成教学目标,需要精心设计教学过程,因此,教师可以在撰写教学设计方案之前,画一个简洁、清晰明了的课堂教学过程流程图,明确教学活动发生、发展、结束的程序。

　　请思考:教师如何依据教学目标,用简洁的图形符号设计一节课的教学流程图?

任务目标

　　1.描述说明教学过程的基本要素及其功能;

2.用简洁的图形符号设计教学流程图。

📋 **任务描述**

一、教学过程的要素与功能

（一）教学过程的要素

参与教学过程的基本要素分为结构要素和过程要素。

1.结构要素是指参与教学过程的实体性较强的要素,主要包括教师、学生、课程和教学媒体,其中教师是结构要素中的主导要素,学生是结构要素中的主体要素,课程和教学媒体是结构要素中的客体要素。

2.过程要素是指参与教学过程的实体性较弱的要素,主要包括教学目的、教学内容、教学方法、教学模式、教学时间、教学空间等。

教学过程的结构要素与过程要素构成了十分复杂的教学系统,这些要素相互联系、相互制约、相互影响,贯穿于教学过程的始终,形成了一定的整体功能,有效地促进教学任务目标的实现。

（二）教学过程的功能

1.实现目标的功能。教师在教学活动中必须要有明确的目标意识,要围绕教学目标将教学过程各要素组织起来,并维持和发展下去,最终实现预期目标。

2.统合团体的功能。教学过程是教师与学生之间、学生与学生之间有着共同目标的团体活动过程,在这个团体中,教师主导,学生主体,学生通过教师的教,实现自己的学,两者相互作用、保持统合状态,保证教学正常有效运行。

3.促进发展的功能。教学过程有效,可以促进学生掌握知识、形成技能,发展智能与个性。

二、教学过程设计的基本原则

（一）体现教师主导作用

教师的主导作用体现在引导学生积极构建自己的认知结构,培养学生的学习能力,从而获得知识和技能。表现在向学生明确学习目标、维持学习动机、激发学习兴趣、设置教学情境、提供学习材料、引导问题讨论、组织动手活动、指导细致观察、引发深度思考、总结归纳概括、评价分析点评、解答难点疑惑、促进学习迁移等。

（二）发挥学生的主体作用

学生的主体作用体现在教学过程中充分发挥学生的学习积极性和主动性,使他们有更多的参与机会,做到动脑、动口、动手。表现在学生不仅在教师的指导下会学习,更重要的是学生在脱离教师的指导下也会学习,并且从被动学习转变为主动学习。

（三）遵循学生认知规律和学习心理

学生的认知规律和特点,取决于他们的年龄和心理特征。年龄越小,不仅知识经验少,而且感知能力和观察事物目的性差,缺乏完整性,依赖性比较强,无意注意占主导地位,以具体形象思维为主。随着年龄的增长,知识经验的增加,认知水平、感知能力和观察能力的提高,能通过一定的意志努力主动参与学习活动,其思维也由具体形象思维逐步过渡到抽象思维。在教学过程设计时,必须遵循学生的认知规律和学习心理,符合学生特有的认知要求。

（四）体现媒体优化作用

教学过程设计应根据教学目标的要求,学习内容的需要,以及各种客观条件,选用最佳的教学媒体。各种教学媒体应各施所长,互为补充,相辅相成,形成优化的媒体组合系统,发挥教学媒体的功效。

（五）体现一定的教学方法

教学过程设计应合理选择使用各种教学方法,具体来说,应依据学科特点和学习内容选择教学方法,还要依据教学目标、学生的特点、媒体的特点选择教学方法。

三、课堂教学过程流程图

课堂教学流程图是浓缩了的教学过程,可以简洁、直观地显示整个课堂活动中各个要素之间的关系、比重,勾画出一节课的结构和环节,以及各环节之间的关系,具有灵活性大、层次清楚、简明扼要的特点,是教学过程最简洁的表示方式。

教学过程分为结构要素和过程要素,那么,教学流程图主要就是体现这几个要素在教学过程中所起到的作用、活动过程、相互的作用等。因此,可以用简洁的图形符号来设计一节课的教学流程,流程图符号如图 2-3 所示。

符号	符号表示的意义
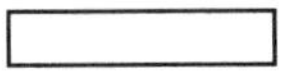 ▭	教师的活动或师生互动的作用及学习内容
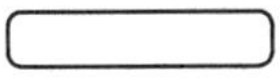 ▱	教学媒体的选择与应用
▱	学生的活动
 ◇	判断、归纳或结论
 →	过程进行的方向

图 2-3　教学过程流程图符号

设计教学流程图应注意几个事项。一是在框内简要说明此步的内容;二是在框图上可注明需了解的信息;三是反馈回路应是闭路循环,不能断开;四是教学流程要遵循教学顺序设计有关要求。

🔖 任务实施

以人民教育出版社出版的培智学校义务教育实验教科书《生活适应》二年级上册第1单元第2课《我的好朋友》为例,运用教学过程流程图的形式进行教学过程设计。

一、课时分配

课文分为三个课时进行教学。

第一课时教学内容为建立好朋友的概念,能向同学、老师介绍好朋友的姓名性别。

第二课时教学内容为学会与好朋友相处的方式方法。

第三课时教学内容为学会常用的社交方法,愿意结识新朋友。

二、教学目标

教学过程流程图设计选用第三课时,具体教学目标如下。

1.知识与技能:能运用交友的常用方法,结交新朋友。

2.过程与方法:经历观察模仿、情景模拟、情感体验等过程,掌握交友的常用方法,选择自己喜欢的方法去主动结交新友。

3.情感态度与价值观:愿意结交新朋友,体会交友的愉悦感,具有主动交往的意识。

三、课堂教学过程流程图

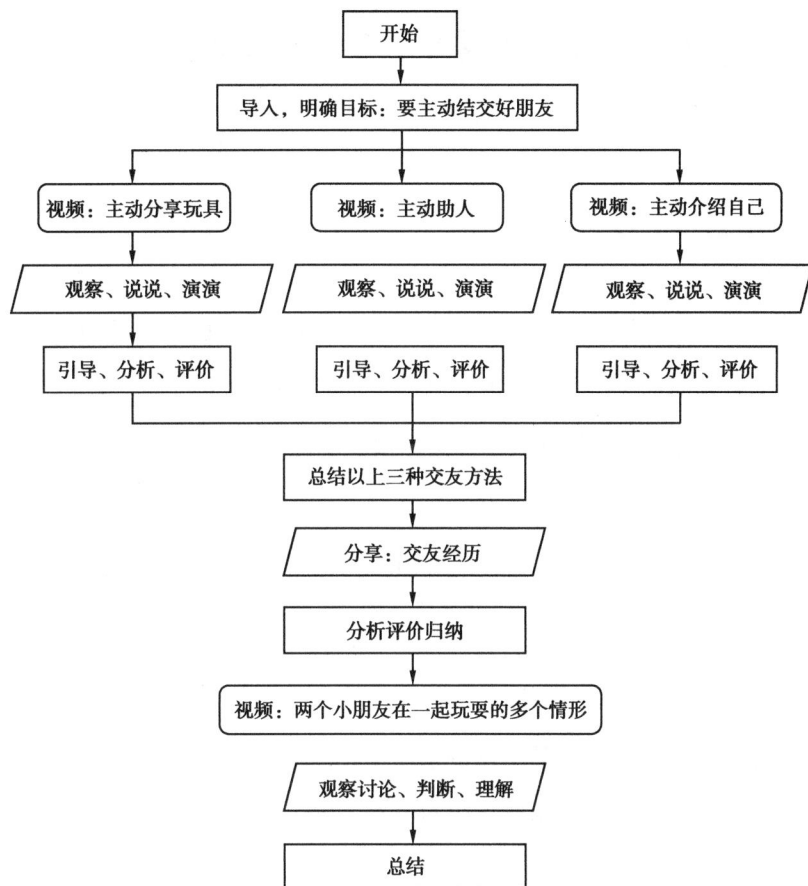

图 2-4　课堂教学过程流程图

📋 实训任务

请针对人民教育出版社出版的培智学校义务教育实验教科书《生活适应》自选一篇课文进行教学过程流程图设计。

人物故事

为何一定要办免费女子高中
——记优秀共产党员、最美乡村教师张桂梅（下）

任务二　示范型课堂教学过程流程图设计

任务引导

培智学校生活适应课程包含"个人生活""家庭生活""学校生活""社区生活""国家与世界"五个领域,具有综合性特征,因此,根据学生学习任务的不同,教师需要采取不同的教学策略,教学过程也有所不同。示范型课堂教学流程图主要应用在动作技能的培养与训练。

请思考:教师如何依据学习任务,设计示范型课堂教学过程流程图?

任务目标

1.列举示范型课堂教学过程流程图的适用学习任务,描述流程特点;

2.运用示范型课堂教学过程流程图进行教学过程设计。

任务描述

一、设计原理

采用示范型教学流程图进行课堂教学设计,教学媒体的功能主要是给学生提供进行示范模仿的标准行为;教师的作用是指出规范行为的要点、程序,组织学生模仿,纠正学生错误动作;学生的活动是模仿练习,掌握要领。示范型课堂教学过程流程图适用于语言、动作、书写、操作的示范模仿教学,反映的是动作技能的教学顺序。

二、示范型课堂教学过程流程图基本范式

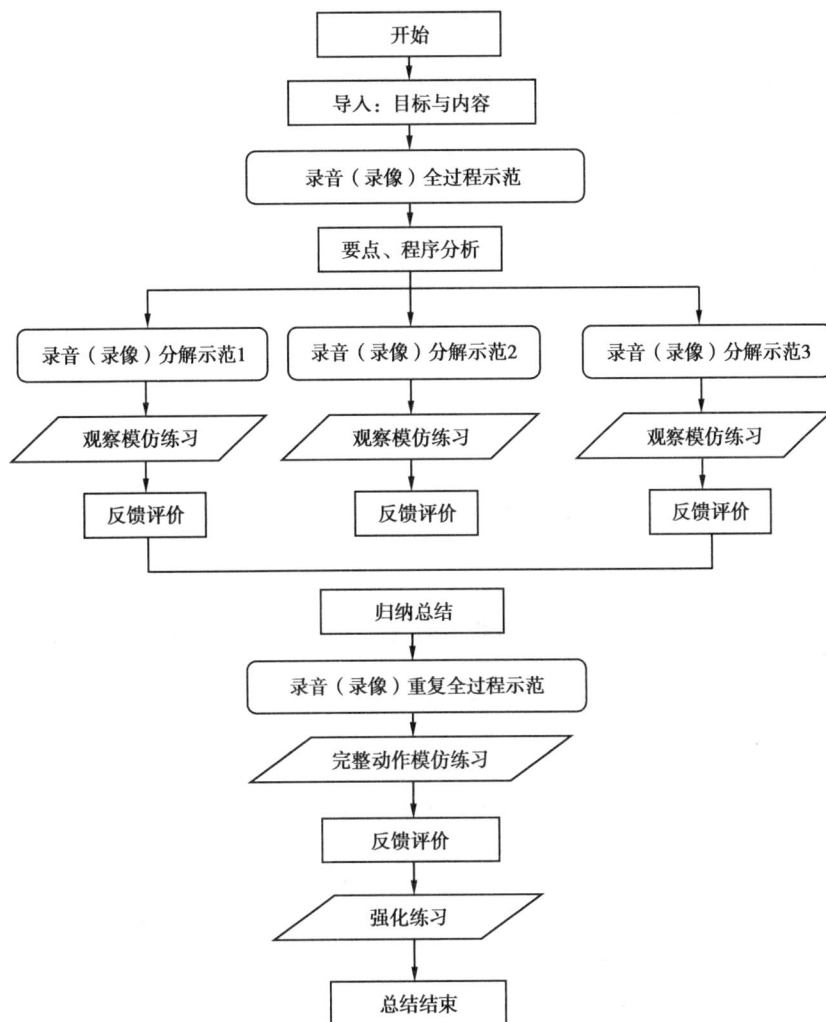

图 2-5　示范型课堂教学过程流程图

三、需要注意的地方

1."全过程示范"即动作技能的认知阶段。教学媒体可以是视频或图片示范,也可以是教师自身的动作示范,这个示范一定是一个完整的、标准的动作示范。在结束示范后,教师要对完整动作进行要点、程序分析,总结动作的关键和要注意的事项。

2."分解示范"即动作技能的分解阶段。完整动作的分解降低动作的难度,让学生进行观察并模仿练习,教师要注意发现学生存在困难或问题,通过让学生重新观察分解动作等方式进行及时指导、更正、总结,强调动作要领,突破教学重难点。

3."重复全过程示范"即动作技能的定位阶段。将完整动作示范给学生观看一遍,目的是进一步加深学生对完整动作的理解,并让学生练习,使动作连贯。

任务实施

以人民教育出版社出版的培智学校义务教育实验教科书《生活适应》三年级上册第2单元第3课《刷牙》为例,运用示范型课堂教学过程流程图进行教学过程设计。

一、课时分配

课文分为四个课时进行教学。

第一课时教学内容为认识刷牙常用的生活用品,如毛巾、牙刷、口杯、牙膏;会挤牙膏;能将刷牙的生活用品摆放整齐。

第二课时教学内容为学会刷牙的基本步骤。第一步刷牙前的准备,即准备用具、挤牙膏;第二步刷牙的基本动作,即刷口腔牙齿外表面的前面、左边、右边;第三步漱口、擦嘴、整理刷牙用具。

第三课时教学内容为学会刷牙的关键步骤。在刷牙基本动作的基础上,学会刷口腔牙齿内里面的左边、右边与前面;熟练刷牙的完整步骤。

第四课时教学内容为了解刷牙的一些生活常识,如早晚刷牙、饭后刷牙、定期检查牙齿,养成爱护牙齿的一些好习惯。

二、教学目标

教学过程流程图设计选用第二课时,具体教学目标如下。

1.知识与技能:能按照刷牙的基本三步骤刷牙,刷牙顺序正确。

2.过程与方法:经历观看视频、观察示范、模仿练习、活动体验等,学习并掌握刷牙的步骤。

3.情感态度与价值观:体会学习的愉悦;具有爱护牙齿的意识。

三、课堂教学过程流程图

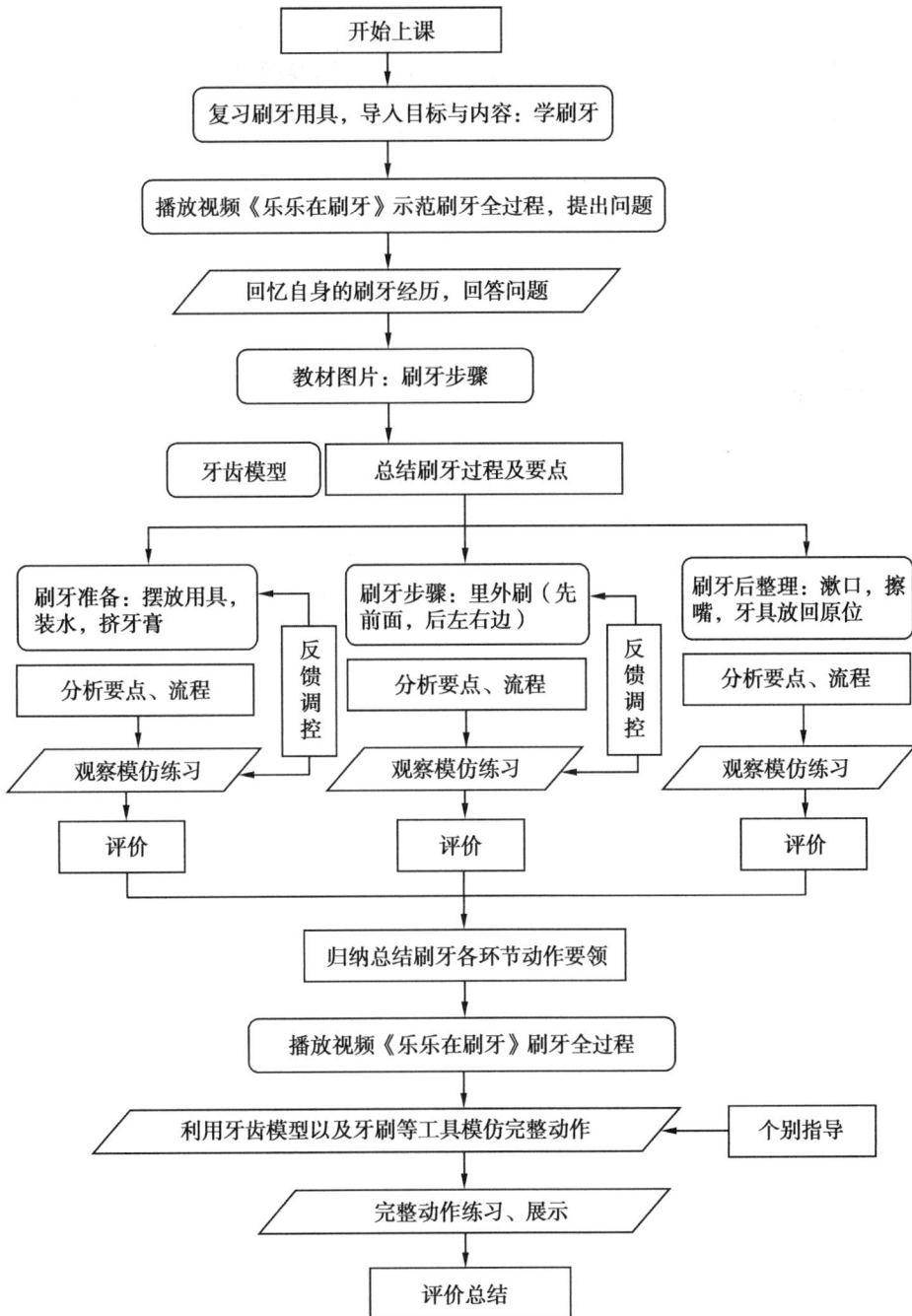

图 2-6　示范型课堂教学过程流程图

🖥️ 实训任务

请针对人民教育出版社出版的培智学校义务教育实验教科书《生活适应》一年级下册第 2 单元《学穿衣》,进行课时分配,选用一个课时设计教学目标并恰当运用示范型课堂教学过程流程图进行教学过程设计。

人物故事		钱学森向一位年轻人道歉：感谢您指出我的错误

任务三 逻辑归纳型课堂教学过程流程图设计

任务引导

不同的学习类型应采用不同的课堂教学过程流程图,生活适应课程内容中有相当多的关于概念的学习,如"衣物""蔬菜""餐具""电器"等,而这些概念事实的学习一般采用逻辑归纳型课堂教学流程图进行教学过程设计。

请思考:教师如何依据学习任务,设计逻辑归纳型课堂教学过程流程图?

任务目标

1.列举逻辑归纳型教学过程流程图适用的学习任务,描述流程特点;

2.运用逻辑归纳型课堂教学过程流程图进行教学过程设计。

任务描述

一、设计原理

采用逻辑归纳型教学流程图进行课堂教学设计,其中教学媒体的主要功能是给学生提供具有代表性和典型性的若干科学现象、形态、结构等客观事实,建立共同经验,形成表象;教师的作用是对现象、事实、情景进行概括归纳,显示事物的共性特征,帮助学生建立概念;学生的活动是观察现象和事实,认识事物的特征,识记事实,理解概念。

二、逻辑归纳型课堂教学过程流程图基本范式

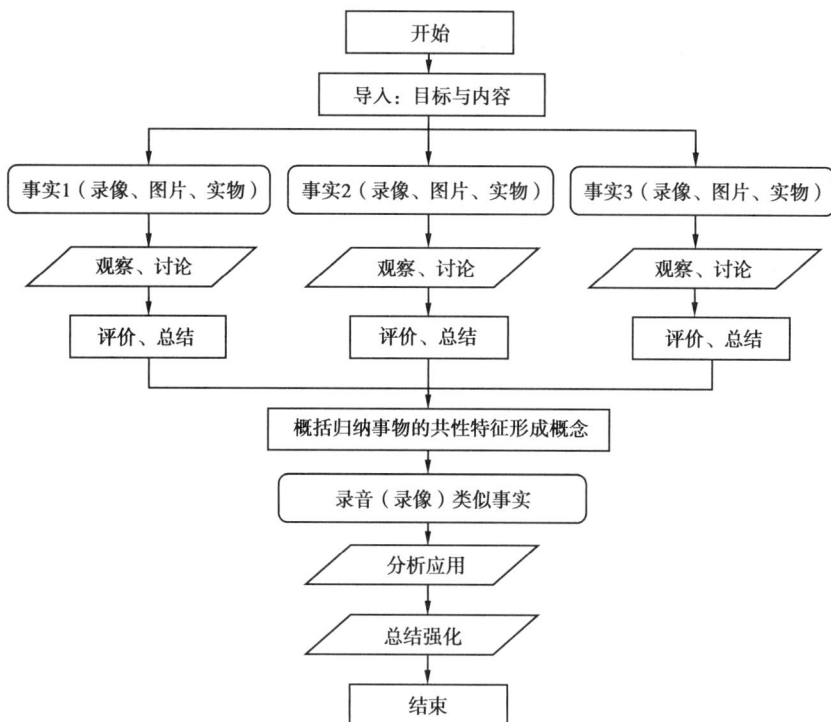

图 2-7　逻辑归纳型课堂教学过程流程图

📋 任务实施

以人民教育出版社出版的培智学校义务教育实验教科书《生活适应》二年级上册第2单元第6课《帽子和手套》为例,运用逻辑归纳型课堂教学过程流程图进行教学过程设计。

一、课时分配

课文分为三个课时进行教学。

第一课时教学内容为区分不同功能的帽子,并说出常见帽子的名称,能根据环境的需要正确选择帽子。

第二课时教学内容为认识帽子部位名称,能区分帽子的前后,能正确戴帽子。

第三课时教学内容为区分不同功能的手套,并说出常见手套的名称,能根据环境的

需要正确选择手套。

第四课时教学内容为指认手套大拇指与手掌部位,能区分手套的手掌与手背,能正确戴手套。

二、教学目标

教学过程流程图设计选用第三课时,具体教学目标如下。

1.知识与技能:能说出常见手套的名称,能根据环境的需要正确选择手套。

2.过程与方法:通过观察、触摸、比较和实践操作,以及观看图片视频等方式,认识不同的手套。

3.情感态度与价值观:初步形成爱护身体的意识;养成爱惜生活用品的好习惯。

三、课堂教学过程流程图

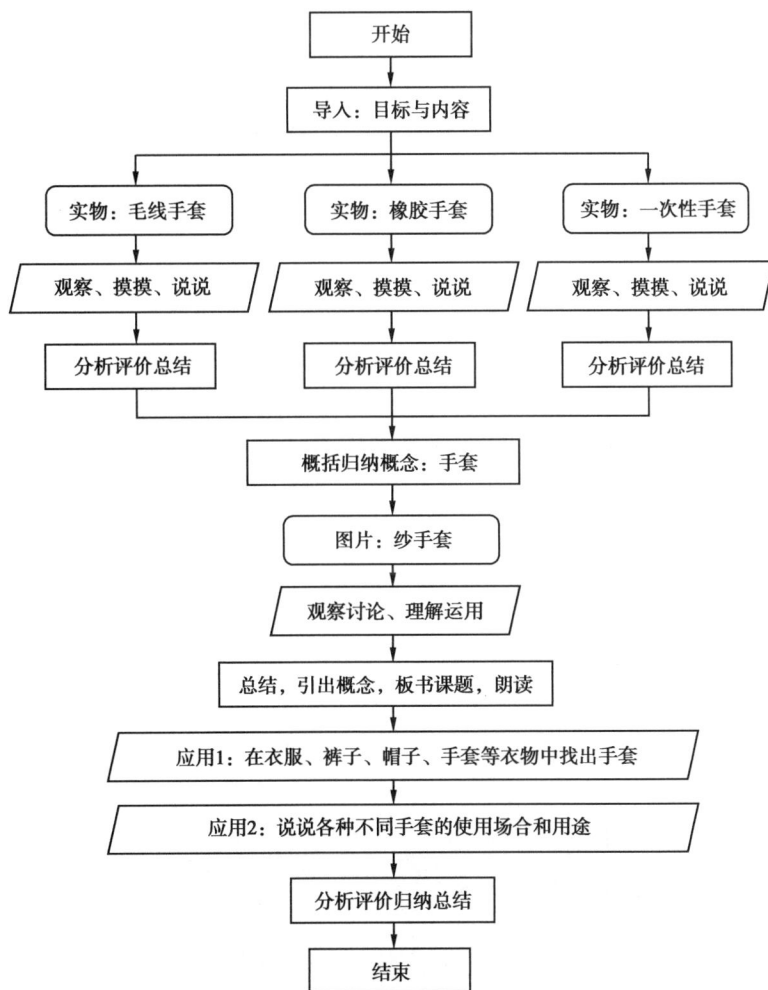

图 2-8　逻辑归纳型课堂教学过程流程图

实训任务

请针对人民教育出版社出版的培智学校义务教育实验教科书《生活适应》一年级下册第 2 单元《常见的水果》,进行课时分配,选用一个课时设计教学目标并恰当运用逻辑归纳型课堂教学过程流程图进行教学过程设计。

知识窗

习近平论工人阶级和广大劳动群众要树立终身学习的理念

任务四　逻辑演绎型课堂教学过程流程图设计

📋 任务引导

选用课堂教学过程流程图进行教学过程设计,必须依据教学目标,找准学生需要获得什么类型的知识技能,因此,教师要对不同类型的教学过程流程图原理有深刻的认识与理解。逻辑演绎型教学流程图主要应用在原理、规则、方法的学习。

请思考:教师如何依据学习任务,设计逻辑演绎型课堂教学过程流程图?

📋 任务目标

1.列举逻辑演绎型教学过程流程图适用的学习任务,描述流程特点;

2.结合教学内容恰当运用逻辑演绎型课堂教学过程流程图进行教学过程设计。

📋 任务描述

一、设计原理

采用逻辑演绎型教学流程图进行课堂教学设计,其中教学媒体的主要功能是给学生提供某一典型的事物运行、成长、发展的完整过程;教师的作用是借助典型事例,通过类比的方法,揭示事物发生、发展的原因和规律,并以此通过演绎推理或类比的方法,使学生进行知识的迁移;学生的活动是观察现象和事实,思考原因,探求规律,推广运用。

二、逻辑演绎型课堂教学过程流程图基本范式

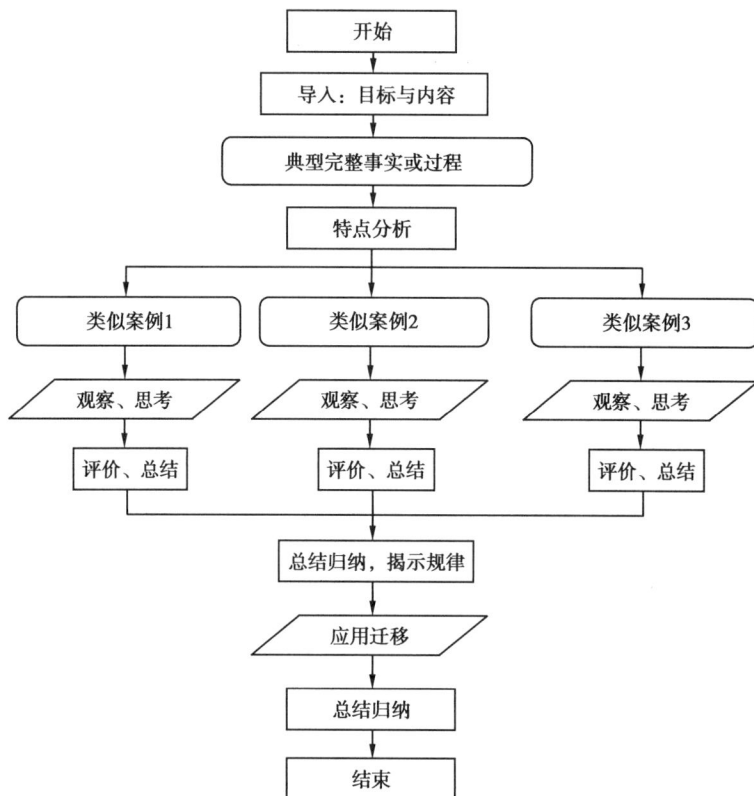

图 2-9　逻辑演绎型课堂教学过程流程图

📋 任务实施

以人民教育出版社出版的培智学校义务教育实验教科书《生活适应》五年级上册第4课《分享快乐多》为例,运用逻辑演绎型课堂教学过程流程图进行教学过程设计。

一、课时分配

课文分为两个课时进行教学。

第一课时教学内容为主动与他人分享自己的食物、玩具、学习用品等,并能礼貌回应他人的分享,体会分享是自愿的、是相互的、是快乐的。

第二课时教学内容为主动与他人分享自己的图书、想法、办法,并能礼貌回应他人的

分享,体会分享是自愿的、是相互的、是快乐的。

二、教学目标

教学过程流程图设计选用第一课时,具体教学目标如下。

1.知识与技能:能列举生活中主动与他人分享的事例,说出分享的乐趣;能在接受分享的同时礼貌回应他人。

2.过程与方法:经历观看图片或视频、描述行为与对比判断等方式,理解分享很快乐。

3.情感态度与价值观:愿意主动分享,形成分享的意识,体会分享是快乐的、是相互的。

三、课堂教学过程流程图

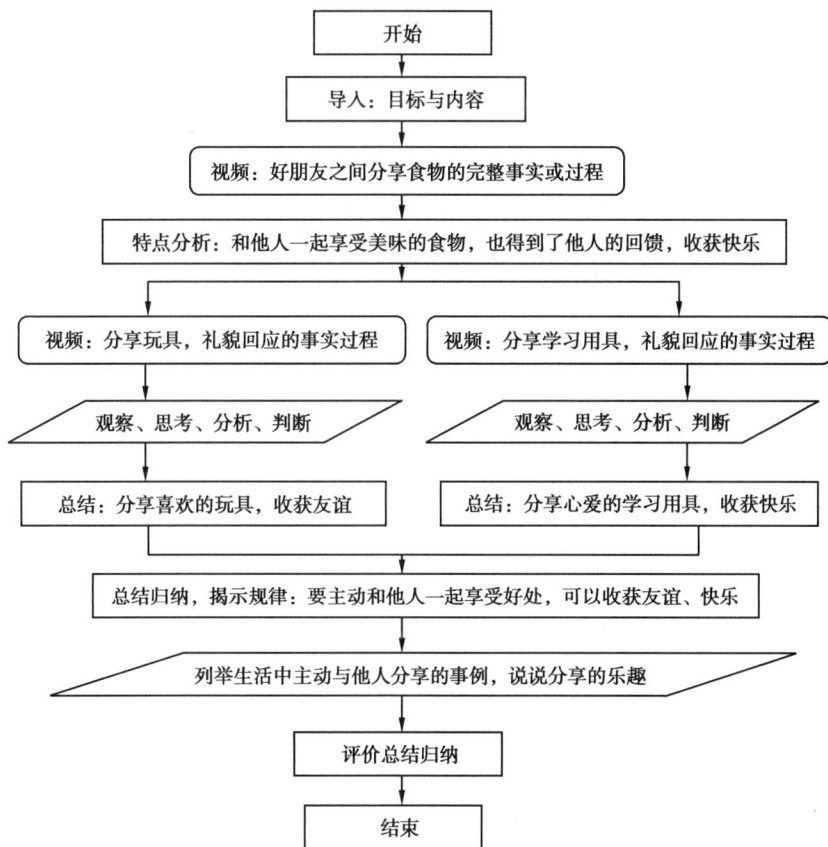

图 2-10　逻辑演绎型课堂教学过程流程图

实训任务

请自选人民教育出版社出版的培智学校义务教育实验教科书《生活适应》一年级下册第 2 单元《我是好学生》,进行课时分配,选用一个课时设计教学目标并恰当运用逻辑演绎型课堂教学过程流程图进行教学过程设计。

任务五　探究发现型课堂教学过程流程图设计

📋 任务引导

建构主义学习理论特别强调学生在学习过程中的自主建构、自主探究和自主发现，突出学生在学习过程中的主体地位，同时要求将自主学习与基于情境的合作学习、基于问题的研究性学习结合起来。这种主张有利于培养学生的创新意识、创新能力和合作精神。虽然培智学生自主探究、自主发现能力受限，但作为教师不应忽视学生这些能力的培养。探究发现型教学流程图主要应用在概念、方法原理、规则的学习。

请思考：教师如何依据学习任务，设计探究发现型课堂教学过程流程图？

📋 任务目标

1.列举探究发现型教学过程流程图适用的学习任务，描述流程特点；

2.结合教学内容恰当运用探究发现型课堂教学过程流程图进行教学过程设计。

📋 任务描述

一、设计原理

采用探究发现型教学流程图进行课堂教学设计，其中教学媒体的主要功能是提供某一事物的典型现象或过程并利用语言设置疑问，供思考探究；教师的作用是组织学生观察，设疑提问，引导思考，激发争辩，总结概括；学生的活动是认真观察，积极思考，参与争辩，探究原因，分析特征，寻找规律。

二、探究发现型课堂教学过程流程图基本范式

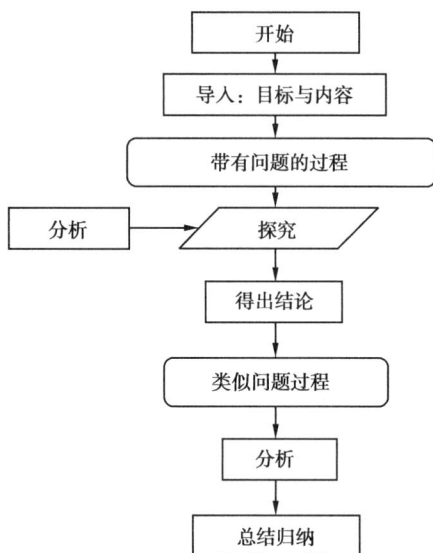

图 2-11　探究发现型课堂教学过程流程图

任务实施

以人民教育出版社出版的培智学校义务教育实验教科书《生活适应》二年级上第 5 单元第 12 课《我是中国人》为例,运用探究发现型课堂教学过程流程图进行教学过程设计。

一、课时分配

课文分为四个课时进行教学。

第一课时教学内容为知道中华人民共和国全称,知道简称为"中国";知道自己是中国人,会说"我是中国人""我的祖国是中华人民共和国""我爱祖国"。

第二课时教学内容为认识首都北京,知道北京是我国的首都;会说"北京是我国的首都""我爱北京"。

第三课时教学内容为认识五星红旗,知道五星红旗是我国的国旗;会说"五星红旗是我国的国旗""我爱五星红旗"。

第四课时教学内容为知道中华人民共和国国歌,学唱国歌。

二、教学目标

课堂教学过程流程图设计选用第三课时,具体教学目标如下。

1.知识与技能:能认识分辨五星红旗,知道升国旗的礼仪;会说"五星红旗是我国的国旗""我爱五星红旗"。

2.过程与方法:经历观看实物、图片或视频,以及触摸、探究等方式,认识五星红旗并了解升国旗的礼仪。

3.情感态度与价值观:形成热爱祖国、爱五星红旗的情感。

三、课堂教学过程流程图

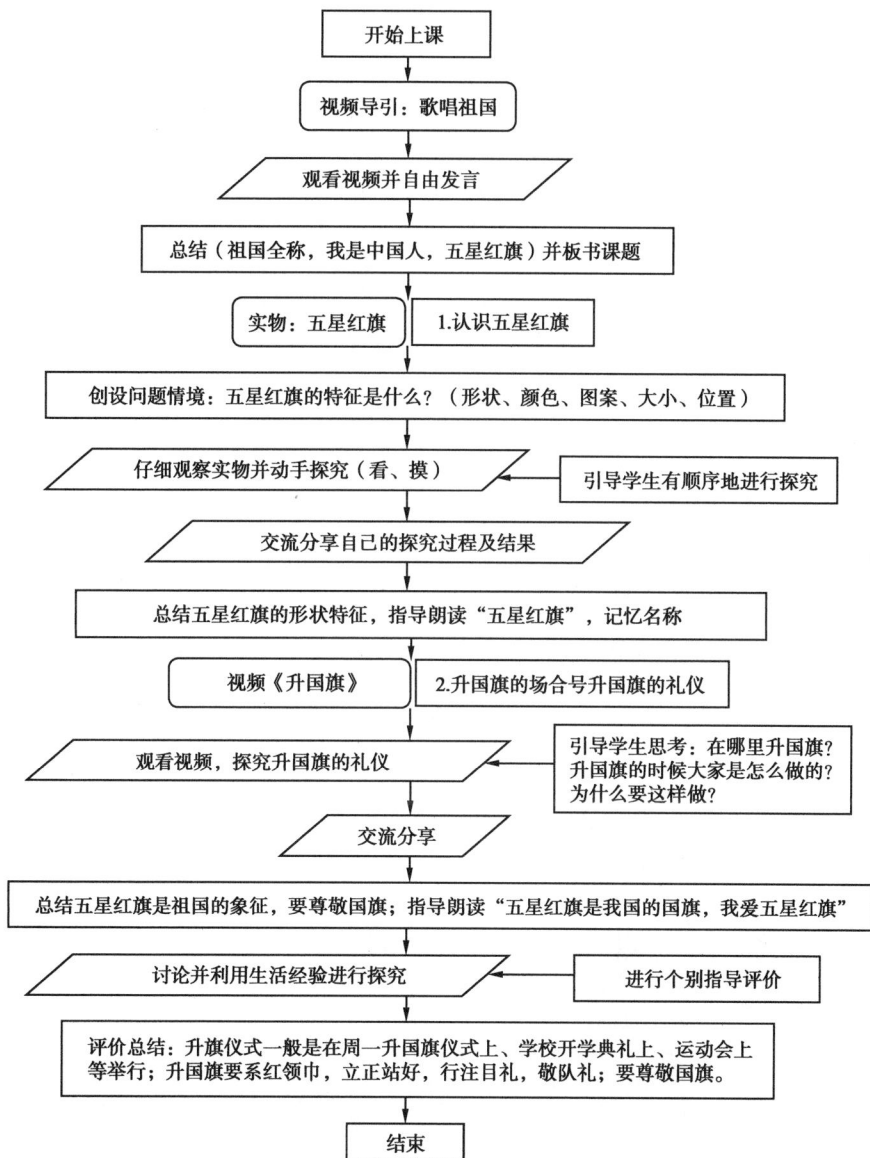

图2-12 探究发现型课堂教学过程流程图

实训任务

请自选人民教育出版社出版的培智学校义务教育实验教科书《生活适应》一篇课文，进行课时分配,选用一个课时设计教学目标并恰当运用探究发现型课堂教学过程流程图进行教学过程设计。

项目五　教学实施方案设计

📋 项目概述

　　明确了学习需要、学习内容,掌握了教学目标、教学策略、教学媒体和教学过程设计的主要技术手段,接下来就是教学实施方案的编制。本项目从形成性练习题设计与教学实施方案编制两个方面引导大家学习生活适应课程教学的教学实施方案设计。共 8 学时。

📋 学习目标

素质目标	1.具有严谨、细致、科学的治学态度 2.认同特殊教育教师工作专业性、独特性、复杂性
知识目标	1.描述说明形成性练习题的功能、要求、方法 2.列举说明教学活动的"九大事件"
能力目标	能根据特殊学生特点、教学目标和教学内容设计形成性练习题、编制教学实施方案

📋 项目导航

```
                              ┌─────────────────┐
                              │  形成性练习题设计  │
          ┌──────────────┐────┴─────────────────┘
          │ 教学实施方案设计 │
          └──────────────┘────┬─────────────────┐
                              │ 教学实施方案编制  │
                              └─────────────────┘
```

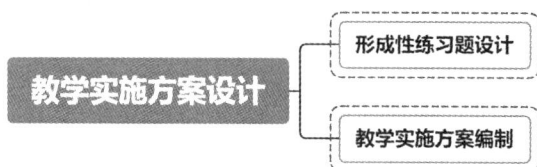

任务一   形成性练习题设计

📋 任务引导

　　为了解学生对学习内容的掌握程度,以及学生在学习过程中存在的问题,判断学生的学习效果和教师的教学效果,就需要根据教学目标设计形成性练习题,采取多种形式检查和考核学生的学习任务目标达成情况,及时获取反馈信息,调控教学过程,修改教学方案。

　　请思考:教师如何依据教学目标,恰当设计形成性练习题?

📋 任务目标

　　1.理解形成性练习题的功能及设计方法;

　　2.根据学生特点和教学目标设计形成性练习题。

🗂 任务描述

一、形成性练习题的功能

（一）形成性练习题的强化功能

形成性练习题对较好地掌握了本节课的知识和技能的学生会起到强化效果,使学生获得成功的体验和愉悦的心情,可以有效地提高学生的学习兴趣,增强学习新知识与新技能的自信心和学习动力,促使其加倍努力学习,努力学习后又会获得新的进步,从而形成良性循环的学习机制。

（二）形成性练习题的矫正功能

形成性练习题对未能很好地掌握本节课知识和技能的学生会起到矫正功能,使学生认识到自己学习过程中的差距和不足,及时采取补救措施,完成学习任务,达到教学目标要求。形成性练习题也可使教师反思自己教学过程中的缺陷和不足,及时采取补救措施。

二、形成性练习题的设计

（一）形成性练习题的形式

形成性练习题是为了检查学生是否达到了教学目标的基本要求而设计的一组当堂练习题。因此,形成性练习题的内容要与知识技能点和学生学习水平相对应,教师可以把知识技能点、学习水平、题目内容列一表格,如表2-3所示。由于课堂教学时间有限,形成性练习题可采取填空题、选择题、连线题、判断题、简答题等耗时较短的形式,便于学生当堂独立完成。

表 2-3　形成性练习题形式

知识点技能点	学习水平	题目内容
1.		
2.		

（二）设计形成性练习题应注意的地方

在设计形成性练习题时要注意，一是要依据教学目标中的知识点、技能点设计形成性练习题；二是设计的练习题要能够检测出学生的知识点、技能点是否达到目标要求的水平；三是并非所有的知识点、技能点都要设计形成性练习题，可以在课堂教学过程中，通过提问、练习等课堂活动来完成检测，也可以在课后进行检测。

📋 任务实施

以人民教育出版社出版的培智学校义务教育实验教科书《生活适应》二年级下册第4单元第10课《使用公共厕所》为例，设计形成性练习题。

一、形成性练习题目标

表 2-4　形成性练习题目标

知识点技能点	学习水平		
	识记	理解	应用
1.区分厕所标识	√		
2.正确选择厕所		√	√

二、形成性练习题设计

表 2-5　形成性练习题设计

知识点技能点	学习水平	题目内容
1.区分厕所标识	识记	游戏:"火眼金睛"圈一圈。在许多不同的标识(如公路上常见的标识,生活中安全标识,公共厕所标识等)中圈出公共厕所的标识
2.正确选择厕所	理解	游戏:智慧消消消。出示男孩、女孩与男厕、女厕的图片各两张,让学生连线
	理解	游戏:我去哪里我知道。给每位学生发一组男女厕所标识的卡片,让其辨别,听从教师口令,学生将与自己性别对应的卡片举起来
	应用	情景模拟:模拟商场内公共厕所场景,要求学生分辨公厕门口图标,选择进入与自己性别一致的厕所

实训任务

　　请自选人民教育出版社出版的培智学校义务教育实验教科书《生活适应》一篇课文,设计形成性练习题。

知识窗　特殊教育教师教学基本功展示要求

任务二　教学实施方案编制

任务引导

在我国的教育学著作中,一般都有对"课的结构"安排的论述,课的结构是指每堂课的组成部分及各部分进行的顺序和时间的分配,包括组织教学、检查复习、讲授新教材、巩固新教材、布置课外作业等,这个结构就是教学实施方案的主要组成部分。

请思考:教师如何依据教学目标和教学对象分析,恰当编制教学实施方案?

任务目标

1.描述教学活动的"九大事件";

2.根据学生特点和教学内容编制教学实施方案。

任务描述

加涅指出,由于人类信息加工的方式是相对稳定的,所以教学事件也是相对不变的。这里着重介绍加涅的"九大教学事件"。

一、教学事件

（一）引起注意

引起注意是用以唤起和控制学生注意的活动,激活学习兴趣,保证学生接受刺激和学习的有效发生。例如,提出学生感兴趣的问题,电视画面描述一个现象、一个事件,用指令性语言、手势表情等体态语引起注意等。

（二）告诉学生目标

教学开始时,应明确告诉学生学习目标,并使其了解当学习目标达到后,将学会什么,从而激发学生对学习的期望,控制自己的学习活动。可用简洁的语言讲解,可使用多媒体展示,可把学习目标写在黑板的一侧,可用图表表示等。

（三）刺激对先前学习的回忆

在学习新的内容前,指出学习新的技能所需具备的先决知识和技能,以此刺激学生回忆起学过的有关知识和技能。同时,还应让学生看到自己已掌握的知识和技能与学习目标的联系。这使学生有可能充分利用原有的认知结构中合适的观念来同化新知识,有利于避免机械学习。

（四）呈现刺激材料

呈现的刺激材料应具有鲜明的特征,以促进学生选择性知觉的内部过程。教学材料呈现要注意:一是顺序的安排;二是"组块"大小的设计。所谓"组块"是指教学过程中每次呈现教学材料的分量。组块过小,学生会感到太容易而浪费时间;组块过大,有些学生可能不能负担。因此,呈现刺激材料要尽可能适合学生的特点。决定组块大小要考虑以下三方面:一是学习的类型,显然,不同的学习类型,其组块大小也应不同;二是学生的知识准备,对基础比较差的学生,组块不宜过大,对基础比较好的学生,组块不宜过小;三是学生的年龄,年龄越小,其组块越小,随着年龄的不断增长,其组块也要不断增大。

（五）提供学习指导

为了帮助学生能够用命题、各种概念的层次关系等有意义的形式组织好所接受的信息,应从外部或通过教师、教材为学生提供指导。例如,为言语信息的学习提供一个有意义的组织结构;给学生提供一些提示、提问、思路、案例等,启发学生自行去寻找答案,掌握新的规律,从而促进认知结构的发展与记忆。

学习指导的程度,也就是提示、提问的数量,直接和间接的程度,要根据学习目标的性质来定。例如,学习事物的名称,就不需要浪费时间去提问、去发现,直接告诉学生答案就可以了;但是在认知能力的学习过程中,教师应提供必要的直接指导,以易于学生发现答案而获得认知能力。学习指导的程度还要适合学生的特点,需要给予学习指导的就给予多一点的指导,而对于理解能力较强的学生,给予更多的学习指导就会使他们感到不必要和厌烦,因为他们能够自行解决问题。

（六）诱导行为

诱导行为的目的是促使学生作出反应的活动。即在教学过程中,使学生对呈示的信息以各种方式作出积极的反应。通过情感、思维、行为的参与,学生能更好地理解所呈示的信息。

学生参与学习活动越积极主动,其学习效果越好。例如,在呈现刺激材料的同时提出一些相关问题,可以提高学生心理上的参与程度,推动他们思考。再如,在动作技能的演示过程中留点空隙时间,让学生实践操作,从而发现问题,并尝试解决问题,可有效激发学生的求知欲望。

（七）提供反馈

在学生作出反应、表现出学习行为之后,教师应及时通过反馈信息让学生知道学习的结果,使学生获得成功的体验,学习行为得到强化,建立自信,这对于学习较差的学生是十分有帮助的。

（八）评定行为

评定行为的目的是巩固学习成果和检查学习效果。可依据教学需要采取不同的测试方式评定行为。一是插入测试,一般是在教学过程中插入类似练习性质的小测验,了解学生对当前学习内容的掌握程度,评定学生在某一点上能否完成预期学习目标。二是自我检查,学生在学习过程中都会不同程度地参与各种学习活动,例如,他们回答各种问题、进行各种课堂练习等,通过教师的反馈了解自己对学习内容的掌握情况作出自我评价。三是后测,一般是指学完一个单元后进行单元测试,后测的结果作为下一单元教学的依据。对未能达到预期目标的,教师应采取及时有效的补救措施。

（九）增强记忆与促进迁移

为增强记忆与促进迁移,使学生牢固地掌握所学内容,可在课中或课后向学生布置新的学习任务,培养学生应用所学知识和技能解决新问题的能力。

二、教学设计实施方案的编制

下面提供一个教学实施方案设计范式(图2-13),供教学设计者参考使用。

《　　　　　　　　　》教学方案设计
一、教学对象分析
二、教学内容分析
三、教学目标
(一)知识与技能
(二)过程与方法
(三)情感、态度、价值观
四、教学重点
五、教学难点
六、教学方法
七、教具准备
八、教学课时
九、教学过程
(一)组织教学(时间)
(二)课题导入(时间)
(三)呈现新知(时间)
(四)巩固新知(时间)
(五)课堂小结(时间)
(六)布置作业
十、板书设计
十一、教学反思

图2-13　教学实施方案编制范式

📋 任务实施

以人民教育出版社出版的培智学校义务教育实验教科书《生活适应》三年级上册第5单元第10课《美丽大自然》为例,编制教学实施方案。

《美丽大自然》教学方案设计

一、学情分析

(一)班级整体情况

教学对象为某特殊教育学校启智部三年级学生,共 8 名学生,其中男生 6 名,女生 2 名。障碍类型不同,2 名孤独症儿童,4 名智力障碍儿童,2 名脑瘫儿童,年龄在 9 岁到 13 岁之间。该班学生上课回答问题积极,大部分学生有良好的行为习惯。

(二)分层情况

根据学生各自的学习能力、语言表达能力、沟通能力将他们分为 A、B、C 三层。

A 层学生(3 人):该层次有 3 名中度智力落后儿童,对已学知识掌握较好,语言表达流畅、清晰,能够识、读的文字较多;学习积极性高,能配合教师的教学,能够独立完成每节课的练习以及作业,有良好的课堂行为习惯。

B 层学生(3 人):该层次有 1 名中度智力落后和 2 名脑瘫儿童,能够用简短的词语表达自己的需求但是发音不清,能参与课堂活动与教师进行互动,能听清楚教师的指令,回答教师的问题,能够在教师的帮助下基本掌握所学内容,在课堂中需多关注,多给予一些表现的机会。

C 层学生(2 人):该层次有 2 名孤独症儿童,理解能力差,需要多次重复讲解才能懂,语言表达能力差,只能用两三个字词表达自己的需求,已学知识掌握情况差;学习积极性不高,注意力容易分散,还会发生课堂问题行为,需要教师多加关注,让他们多开口说话、参与课堂。

(三)具体情况分析

根据学生的认知水平、学习基础、非智力因素,做如下分析。

层次	姓名	性别	障碍类型\程度	具体情况
A层	小周	男	中度智力落后	记忆力好,能够回顾以前学习的知识,语言表达流畅、清晰,能够识、读的文字较多,注意力集中的时间可达10分钟;知道大自然与人类的关系,能够说出人类活动对自然灾害的影响,知道要爱护大自然;学习积极性高,能积极参与课堂活动,举手回答问题,是班级班长,能协助教师管理课堂纪律。
	小袁	女	中度智力落后	语言表达流畅,能够识、读的文字较多,接受新事物的能力强,可以快速理解所授知识,注意力集中的时间可达10分钟;知道大自然与人类的关系,能够说出人类活动对自然灾害的影响,知道要爱护大自然;学习积极性高,能够积极举手回答问题,独立完成课堂练习以及作业。
	小陈	男	中度智力落后	语言表达清晰,表达欲望强,经常上课插话,思维活跃,注意力容易分散;知道大自然与人类的关系,能够说出人类活动对自然灾害的影响,知道要爱护大自然;性格乐观,喜欢帮助别人,能够独立完成任务。
B层	小欧	女	中度智力落后	能够用简短的句子表达自己的需求,注意力不集中,容易被鲜艳色彩的事物吸引,记忆缓慢,遗忘快;能够说出人类破坏大自然的活动;喜欢看动画片,回答问题积极,能够听从教师的指令在教师支持下完成学习任务。
	小彭	男	脑瘫	理解能力差,需要多次教学才能基本掌握,语言表达能力差,有口吃,大多数时候是手势和说话一起表达;能够用简单的词语说出人类破坏大自然的活动;性格内向,不主动参与课堂,需要教师多关注。
	小朱	男	脑瘫	能够用简短的句子表达自己的需求,注意力不集中,容易被别的声音吸引;能够用简单的词语说出人类破坏大自然的活动;能积极参与课堂活动与教师进行互动,能够在教师的帮助下基本掌握所学内容,常常在课堂中突然大笑,喜欢受到表扬。

续表

层次	姓名	性别	障碍类型\程度	具体情况
C层	小刘	男	孤独症	能够在教师耐心的语言引导下,回答教师的问题,但是有重复性语言,语言简单贫乏,注意力容易分散,记忆缓慢,遗忘快;能够说出"浪费水、砍树";在学校不会主动完成作业,情绪不稳定,需求没有被满足时会拍桌子,不与人有视线接触,经常盯着一个地方看,需要教师多加关注和引导。
	小朱	男	孤独症	能够听教师的指令,在教师的语言引导和帮助下完成作业,要多次重复讲解才能懂,语言简单贫乏,注意力容易分散,记忆缓慢,遗忘快;能够说出"浪费水、砍树";喜欢撕纸条,不会主动参与课堂,需要教师多加关注引导和帮助。

二、教学内容

《美丽大自然》是人教版培智学校义务教育实验教科书《生活适应》三年级上册第五单元《社会与自然》第10课。本篇课文共分为四个课时进行教学。第一课时知道什么是大自然,了解和感受大自然的丰富和美丽;第二课时知道人与大自然的关系,了解自然灾害频发与人类活动之间的联系,知道要爱护大自然;第三课时能够联系生活实际说出爱护大自然的一些做法,了解校园内爱护大自然的标语;第四课时实践爱护大自然。本课为第三课时。

三、教学目标

(一)知识与技能

A层:

1.能说出爱护大自然的一些做法,如"节约用水、绿色出行、植树造林、不乱扔垃圾";

2.熟悉校园内爱护大自然的标语,认识到自己在日常生活中要爱护大自然。

B层:

1.能说出爱护大自然的一些做法,如"节约用水、绿色出行、植树造林、不乱扔垃圾";

2.认识到自己在日常生活中要爱护大自然。

C 层：

能正确跟读"节约用水、绿色出行、植树造林、不乱扔垃圾"。

(二)过程与方法

A 层：

1.经历观看视频、小组讨论、跟读、练习等过程，说出爱护大自然的一些做法；

2.联系生活经验和学习经验，认识到自己爱护大自然。

B 层：

经历观看视频、小组讨论、跟读、练习等过程，在教师的讲解和语言引导下，能够说出爱护大自然的一些做法。

C 层：

经历观看视频、小组合作，在教师的讲解和语言引导下，能跟读"节约用水、绿色出行、植树造林、不能乱扔垃圾"等语句。

(三)情感态度与价值观

ABC 层：建立爱护大自然、保护大自然的意识情感。

四、教学重点

爱护大自然的一些做法。

五、教学难点

爱护大自然的意义。

六、教学方法

1.讲授法：通过教师的口头语言，辅以其他教学手段向学生传递知识信息，促进学生理解，启发学生思维的教学方法。在新授环节中，教师通过提问、讲解、点评等方式，讲授爱护大自然的做法，让学生知道要爱护大自然。

2.谈话法：教师引导学生运用已有的经验和知识回答提出的问题，借以获得新知识，巩固旧知识。教师按照教学目标以及当时情景向学生提出问题，激励学生积极回答，在提问的过程中引导个别学生，对其给出适当的提示，提高其学习兴趣和课堂参与度。

3.演示法：教师通过视频和图片，使学生获取知识的教学方法。教师出示学生喜欢的兔小贝动画视频和图片，激发学生的兴趣，吸引学生的注意，更好的理解爱护大自然的做法。

4.情景教学法:教师通过将课程的教学过程安置在一个模拟的、特定的情景场合中。教师通过给学生看视频,把学生带入到特定情景中,又通过提问把情景转移到生活中,更好的提高学生适应生活、适应社会的能力,知道要爱护大自然。

5.小组讨论法:教师通过将学生分成若干人一组,向小组提出问题或者任务,要求小组成员通过讨论,共同完成。教师通过让不同层次学生两人组队,高层次学生带动低层次学生学习,帮助学生建立良好的协作关系,增强学习自信心。

七、教学资源准备

视频、教学 PPT、图片、文字卡片

八、教学课时

1 课时(第 3 课时,35 分钟)

九、教学过程

(一)组织教学(时间 1 分钟)

1.师生问好;

2.点名环节;

3.强调课题纪律。

(二)课题导入(时间 3 分钟)

1.复习导入

(1)教师活动:复习上课时内容——大自然是我们的母亲,它赠予我们肥沃的土地、绿色的森林、辽阔的草原等等,但是因为人类不珍惜,破坏大自然,所以大自然经常会——"生病"。提问:人类做了些什么破坏大自然的行为呢?

学生活动:学生举手自由回答。

(2)教师总结:人类浪费水、砍伐树木、猎杀动物、乱扔垃圾破坏了大自然,我们能为美丽的大自然做些什么呢? 接下来我们就来继续学习《美丽大自然》这篇课文。

浪费水　　　　砍伐树木　　　　乱扔垃圾

2.板书课题"美丽大自然"

(三)呈现新知(时间22分钟)

1.学习爱护大自然的一些做法

(1)教学:节约用水

①教师播放视频、提问:洗完水果的水还可以做什么?

学生活动:观看视频,教师点名回答(C层学生看视频、在教师的语言提示下回答,AB层学生联系生活经验进行补充)。

②教师反馈并总结:洗完蔬菜水果的水还可以浇花、擦地、冲厕所,这样一水多用就是节约用水,我们洗完手立马关紧水龙头也是节约用水。

浇花　　　　拖地板　　　　冲厕所

③教师板书、带读:"节约用水"。

学生活动:齐读2遍。

④教师提问引发学生思考:同学们想一想,我们为什么要节约用水呢?请同桌之间互相讨论一下。

学生活动:小组讨论,自由举手回答。

⑤教师总结:节约用水可以减少废水污染,减少干旱的发生,保护河流,所以我们爱护大自然就要学会节约用水,不能浪费水。

(2)教学:绿色出行

①教师播放视频、提问:兔小贝的爸爸为什么不开车上班?

学生活动:观看视频,教师点名回答(C层学生看视频、在教师的语言提示下回答,AB层学生联系生活经验进行补充)。

②教师总结、讲解"绿色出行":兔小贝的爸爸为了减少环境污染,选择骑自行车去上班,像骑自行车、坐公交车、地铁或者走路这种可以减少汽车尾气污染的出行方式就是绿色出行。

③教师板书、带读:"绿色出行"。

学生活动:齐读2遍。

④教师拓展提问:上节课我们学习到汽车尾气排放会加重雾霾,人们都不能出门上班、上学了,如果大家都绿色出行,坐公交、地铁、走路,我们的环境会怎么样呢?

学生活动:自由举手回答。

⑤教师反馈、总结:我们多绿色出行会减少空气污染,可以节约能源,减少交通拥挤,空气就会越来越清新,天会越来越蓝,大自然会越来越美丽!

(3)教学:植树造林

①教师播放视频、提问:兔小贝和朋友一起走路出去玩,它们遇到了什么?

学生活动:观看视频,教师点名不敢举手回答问题的学生(表扬回答问题正确的学生,没有回答正确的教师再进行语言引导)。

②教师反馈、提问:兔小贝它们遇到了风沙,它和小伙伴就一起提着水桶,拿着树苗去种树了,今年植树节,我们一起在学校的花坛里也种了树,有谁能说一说为什么要种树吗?

学生活动:小组讨论,自由举手回答。

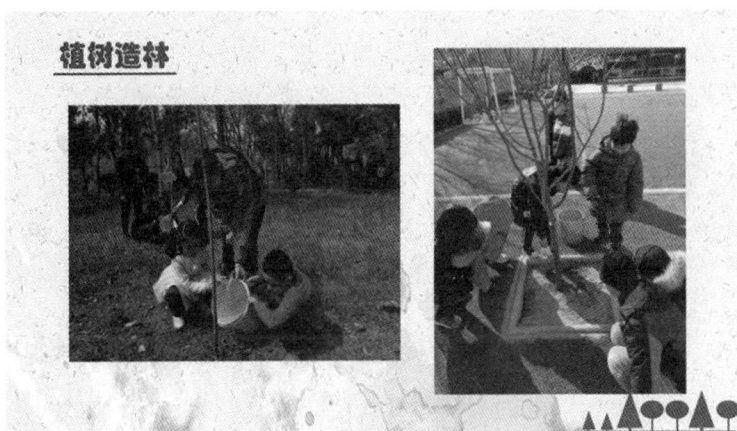

③教师总结、提问:我们种树、植树造林是为了抵挡风沙、调节气候、美化环境等等;人类乱砍滥伐、过度放牧,会破坏森林和草地,大家看看这两张图片,你们更喜欢哪一张?为什么呢?

学生活动:学生自由回答(要求 A 层联系生活经验和学习经验用简短的句子回答,B层联系生活经验用简单的字词回答,C 层联系生活经验在教师的语言引导下用简单的字词回答)。

④教师总结:这张绿油油的森林看着就让人身心舒畅,而且里面还有很多大自然美丽的景色和可爱的小动物,而光秃秃的森林和草地一片荒凉,小动物的家也被破坏了,所以我们要保护森林,多植树造林,才能给小动物美丽的家;

⑤教师板书、带读:"植树造林"。

学生活动:齐读 2 遍。

(4)教学:不乱扔垃圾

①教师播放视频、提问:悠悠猴吃完香蕉把果皮扔在了哪里? 它的行为对不对?

学生活动:教师点名回答。

②教师反馈、提问:悠悠猴把果皮扔在了地上,狐狸踩到摔倒了,这种行为是不对的,

垃圾应该扔在哪里呢？能不能随手乱扔？

学生活动：自由举手回答(教师询问其他学生是否有不同意见)。

③教师总结：垃圾要扔在垃圾桶里，不能乱扔垃圾，不仅别人踩到会摔倒，而且垃圾乱扔还影响环境卫生。

④教师板书、带读："不乱扔垃圾"。

学生活动：齐读2遍。

⑤教师检查教室卫生：教师在教室走一圈，检查一下教室卫生，表扬座位最干净的学生，有垃圾就让学生捡起扔到垃圾桶，让学生知道要爱护我们生活的家园。

(5)读一读爱护大自然的做法

①教师提问：我们学习了哪些爱护大自然的做法呀？

学生活动：教师点名回答(要求A层看图片完整说出，B层看图片和文字说出，C层在教师的语言提示下，看图片说出)。

②教师带读:"爱护大自然的做法有:节约用水、绿色出行、植树造林、不乱扔垃圾"。

学生活动:齐读 2 遍。

③教师总结:我们的大自然那么美丽,我们要从身边的小事,从自己开始爱护大自然、保护大自然。

④教师板书并齐读:爱护大自然、保护大自然。

2.了解爱护大自然的标语

①教师出示标语图片:在我们学校里,有很多爱护大自然的标语,大家平时有注意到吗?

学生活动:学生自由回答(表扬有注意到的学生细心)。

②教师出示标语图片、带读:"保护地球、爱护树木""一花一草一木,且看且爱护""爱护环境,请勿乱扔垃圾"。

学生活动:跟读 1 遍。

③教师总结:在学校,公园里,到处可以看到这种牌子,它的作用是提醒人们要爱护花草树木,爱护大自然,不乱扔垃圾,大自然是我们的"母亲",我们要爱护它!

(四)巩固练习(时间 8 分钟)

我是小侦探:判断对错

1.教师提出挑战:我们来玩一个小侦探挑战的游戏,成功完成挑战的小组可以获得小侦探称号,同学们有没有信心完成?

2.教师讲解挑战规则:这个挑战就是判断图片上哪个行为正确?哪个行为错误?请同学们小组分工合作,一个同学回答行为的对错,一个同学回答为什么对或者错?

学生活动:小组分工合作(A、C 层两人一组)C 层次学生回答行为的对错,A 层次学生回答为什么对或者错。

3.教师反馈、评价:同学们通过小组讨论,分工合作,都完成了挑战,大家都是小小侦探,都很棒!

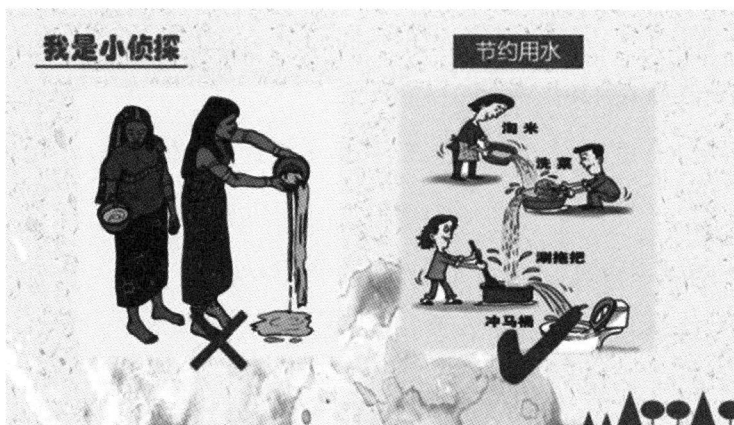

(五)课堂小结(时间 1 分钟)

教师总结:今天我们学习了爱护大自然的方法有节约用水、绿色出行、植树造林、不乱扔垃圾,还了解了一些爱护大自然的标语,知道我们要——爱护大自然,喜欢大自然。

教师对学生的课堂表现进行评价。

(六)布置作业

AB 层回家告诉爸爸妈妈爷爷奶奶,我们要爱护大自然,要节约用水、绿色出行、植树造林、不乱扔垃圾;C 层回家后,在父母的语言引导下,说出我们要爱护大自然,要节约用水、绿色出行、植树造林、不乱扔垃圾。

十、板书设计

十一、教学反思

回顾本堂课,从教学设计到实施花费了许多的时间和心思,但这一堂课中还存在着许多的不足,还有很大的进步空间。

(一)成功之处

1.重视学生的主体地位。通过创设情境,积极发挥学生的主观能动性;教学设计合理,与学生喜欢的动画片紧密联系,在欢乐的氛围中进行教学,提高学生的学习兴趣;以学生生活中的需要和问题为出发点,遵循学生生活的逻辑和身心发展特点,注重学生在体验、探究和解决问题的过程中获得直接经验,提高学生适应生活、适应社会的能力;

2.面向全体学生,教学充分考虑到学生的个体差异。针对 A、B、C 三层学生制定了不同的三维目标,正视学生的个体差异,做到因材施教,确保每一位学生能够参与到课堂中,并且进行有效的学习,增强学生的学习自信心。

(二)不足之处

1.实践经验不足。教学语言比较生硬,表达不能有效贴合学生的思维特点,不善于用语言对学生循循善诱,从而导致教学时,学生不能较好地理解教师提出的问题,对于爱护大自然的意义的理解不够深刻;

2.课堂管理经验不足。对 C 层学生的关注过少,没有很好的约束他们的课堂行为,导致他们大多数时候都沉浸在自己的世界里,只有在教师点名回答问题的时候参与到课堂中,没有用游戏调动他们的学习兴趣。

(三)改进措施

1.合理设计教学目标。合理安排内容,准确把握课堂时间,做到环环相扣,让整个教学环节更加出彩;课前加强试讲训练,组织语言,注意教态的亲切自然,让学生更好地理解知识、快乐学习;

2.多请教,善于发现教学设计中还存在的问题。多观看培智学校优秀教师的教学视频,不断地总结和学习别人的优点;将学习到的方法和教学手段,运用到自己的实际教学中;

3.制定个别化教学方案。在课前设置针对性问题,关注 C 层学生的身心发展特点以及知识的掌握情况,了解学生的兴趣、爱好、特长等,利用积极因素克服消极因素,促进学生的全面发展。

📋 实训任务

请自选人民教育出版社出版的培智学校义务教育实验教科书《生活适应》一篇课文，编制教学实施方案。

知识窗		特殊教育教师教学设计参考模板

模块三　教学实施

📋 模块概述

　　《特殊教育专业师范生教师职业能力标准(试行)》中关于师范生"实施课程教学"能力提出"基本掌握教学组织与课堂管理的形式和策略,能够选择合适的教学策略进行集体、小组和个别化教学,科学准确地呈现和表达教学内容,控制教学时间和教学节奏,合理设置提问与讨论,引导学生主动有效参与学习活动,达成学习目标。"的要求,本模块从课堂教学实施与教学评价两个方面引导大家学习生活适应课程的课堂教学实施。共10学时。

📋 学习目标

素质目标	1.树立特殊教育职业理想,热爱教育事业,树立爱岗敬业精神 2.具有正确的残疾人观、特殊儿童发展观和教育观,富有爱心、责任心、恒心,工作细心、耐心 3.有德育为先、育人为本、能力为重的理念 4.具有创新意识和创新精神,积极创造条件培育发展学生的核心素养 5.具有严谨、细致、科学的治学态度,具有终身学习与持续发展的意识 6.具有依法执教意识
知识目标	1.理解课堂导入、提问、强化、情境创设、讲授和模拟十分钟片段教学的内涵、基本方法和要求 2.理解教学评价的基本原则
能力目标	1.能熟练运用课堂导入、提问、强化、情境创设、讲授等方法实施课堂教学 2.能实施模拟十分钟片段教学 3.能对学生的学业水平进行恰当的评价

📋 模块导学

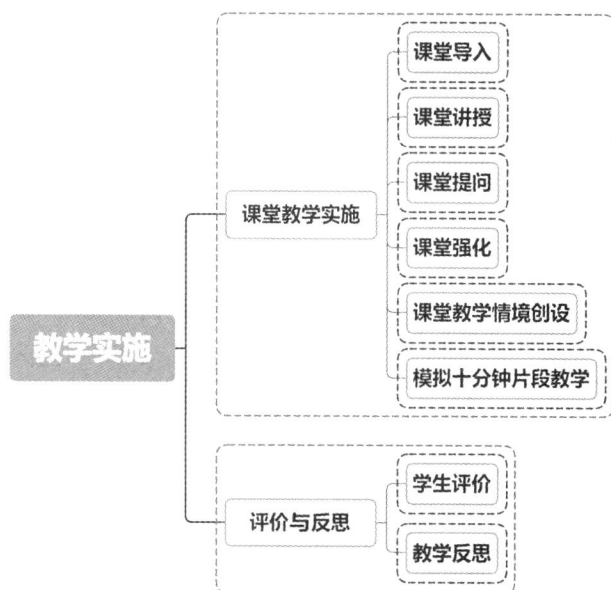

项目一　课堂教学实施

📋 项目概述

　　有了高质量的教学设计,必然要有高效的课堂教学活动,才能达成教学既定目标。课堂里既有知识信息的传递,又有思想的交流、情感的沟通,与教师自身的教学能力紧密相关,教学能力直接影响教学效果。本项目从课堂导入、讲授、提问、强化、情境创设、片段教学六个方面引导大家学习生活适应课程课堂教学活动实施的相关内容。共 8 学时。

📋 学习目标

素质目标	1.树立爱岗敬业精神;积极钻研,富有爱心、责任心、恒心,工作细心、耐心
	2.有德育为先、育人为本、能力为重的理念,在教育实践中实施素质教育
	3.具有创新意识和创新精神,积极创造条件培育发展学生的核心素养
知识目标	1.理解课堂导入、课堂讲授、课堂提问、课堂强化、课堂情境创设的基本方法及技术要领
	2.理解十分钟片段教学的内涵与方法
能力目标	1.能熟练运用课堂导入、课堂讲授、课堂提问、课堂强化、课堂情境创设等方法手段实施课堂教学
	2.能组织实施 10 分钟片段教学

📋 项目导航

```
                              ┌─────────────────┐
                          ┌───┤ 课堂导入         │
                          │   └─────────────────┘
                          │   ┌─────────────────┐
                          ├───┤ 课堂讲授         │
                          │   └─────────────────┘
                          │   ┌─────────────────┐
                          ├───┤ 课堂提问         │
┌──────────────┐         │   └─────────────────┘
│ 课堂教学实施  ├─────────┤   ┌─────────────────┐
└──────────────┘         ├───┤ 课堂强化         │
                          │   └─────────────────┘
                          │   ┌─────────────────┐
                          ├───┤ 课堂教学情境创设 │
                          │   └─────────────────┘
                          │   ┌─────────────────┐
                          └───┤ 模拟十分钟片段教学 │
                              └─────────────────┘
```

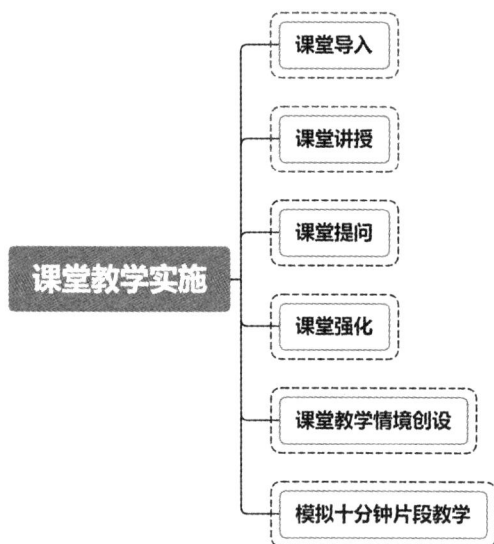

任务一　课堂导入

📋 任务引导

好的开始是成功的一半。对于一堂课而言,课堂导入是引领学生进入新主题、学习新知识的重要一环,影响后续教与学的效果。

请思考:教师如何根据教学目标、教学内容的需要以及教学对象的特点,设计与实施课堂导入?

📋 任务目标

1.理解课堂导入的基本方法及技术要领;

2.实施有效的课堂导入。

📋 任务描述

一、课堂导入的内涵与方法

（一）课堂导入的内涵

课堂导入是正式开始讲授新课内容之前的教学环节,是教师在教学活动开始时,有目的、有计划地运用多种手段引导学生进入学习状态的行为方式。其主要功能是集中学生注意力,激发学习兴趣,明确学习目标,引发学习动机。

（二）课堂导入的常用方法

课堂导入要根据教学目标、教学内容和教学对象的特点综合考虑,基本方法包括直接导入法、复习导入法、情境激趣法等。

1.直接导入法

直接导入法是指教师以简洁明快的讲述或设问,直截了当地引入新的教学内容。直接导入法主要有三种方式:由标题直接导入、直接出示例题导入、简介导入。

由标题直接导入是教师根据教学内容的标题,让学生结合自身知识经验对该标题进行自由联想,点明本节课的主要学习内容。直接出示例题导入是教师出示与本节课所学的知识相关的例题,让学生自学内容,依据已有的知识经验寻找答案,明确本节课的教学目标。简介导入是教师简明扼要地介绍本节课的大纲或者相关的背景知识,为接下来的新授环节做好铺垫。

2.复习导入法

复习导入法是指教师在复习旧知识的同时,引入新课需学的知识。这种方法比较符合教材编排的规律和学生认知发展的规律。教师使用复习导入法,一方面需要了解教学对象的心理特点、知识掌握和能力发展的水平;另一方面需要理清知识的内在逻辑,明晰新旧知识中的要点,找准新旧知识之间的连接点。

3.情境激趣法

情境激趣法指教师有目的地采用启发诱导的方式创设教学情境,以激发学生兴趣的方式。创设的情境包括故事情境、问题情境、趣味情境等。需要注意的是,使用情境激趣法时,创设的情境必须贴合教学内容和教学对象,必须服务于教学目标,不能单纯为了激发学生的兴趣而创设一些牵强耗时的情境。

创设故事情境是教师通过讲述一个与教学内容相关的故事进行导入。创设问题情境是教师通过与教学内容有关的提问进行导入。创设趣味情境是教师通过创设一系列激发学生兴趣的情境进行导入。

二、课堂导入的技术要领

(一)控制导入时间

课堂导入通常在3~5分钟内完成,目的是激发学生的学习兴趣,明确学习目标,因此不宜花费过长的时间。当然,也不能时间过短,则可能使学生无法清晰了解新课的学习内容和目标,达不到导入目的。

(二)选取适切的导入内容

教师要注意选取适切的导入内容。所谓适切,就是要符合知识的逻辑,适应学生的知识基础、学习特点和心理特征等。其一,用于导入的内容要体现新旧知识的内在逻辑联系,通过新旧知识的差距使学生对所要学习的新知识产生认知发展上的需要。其二,导入的内容不宜过易或过难。导入内容过于难懂,很可能打击学生的自信心,挫伤学生的积极性。其三,导入的内容要新颖。学生通常对众所周知、耳熟能详的东西不太感兴趣,反而会被悬而未解、曲折生动、扑朔迷离的故事情节所吸引。

(三)选用恰当的导入方法

不同教学内容的导入方式不同,同样的教学内容,不同教师导入的方式也会不同。

因此,课堂导入需要教师对所教授科目的知识体系有准确的理解与把握,对教学对象身心发展规律和特征的充分了解,选用恰当的导入方法,有效吸引学生注意力,激发学生求知欲。

📋 任务实施

以人民教育出版社出版的培智学校义务教育实验教科书《生活适应》三篇课文为例,设计课堂导入活动。

案例 3-1 直接导入法

《生活适应》四年级下册第 2 课《打电话》,教学目标是学会拨打电话。课堂导入方式如下:1.教师出示手机实物。提问:"这是什么? 可以用来做什么? 你会不会用?"2.让学生结合生活经历谈自身经验。3.导入主题,明确本节课的学习目标。

直接使用实物导入,让学生迅速产生联想,即通过用实物或模型的直观展示,引导学生观察、思考,激发其学习兴趣和探究的欲望。

案例 3-2 复习导入法

《生活适应》一年级下册第 4 课《校园安全》,教学目标是遵守校园课堂安全的有关要求。课堂导入方式如下:1.复习上一课时校园课间安全的有关要求,如课间不打闹追逐,上下楼梯要靠右等安全要求。2.总结课间的校园安全规定。3.提问:"在上课的时候我们要遵守哪些安全规定呢?"4.导入主题,明确本节课的学习目标。

教师找准新旧知识之间的联系,在复习旧知识的同时导入学习新知识,有利于学生对新知产生兴趣,并根据旧知识构建新知识。

案例 3-3 情境激趣法

《生活适应》二年级上册第 13 课《欢乐中国年》,教学目标是了解中国的传统习俗"春节"。课堂导入方式如下:1.播放各族人民欢度春节相关视频,让学生感受节日欢乐的气氛。2.从视频中找到春节的传统习俗,如"包饺子""放鞭炮""压岁钱"等鲜明特点。3.导入主题,明确本节课的学习目标。

教师借助典型的、形象的视频创设了一种欢乐的情境,让学生身临其境,并联系自己的生活实际自由畅想,激发学生的学习兴趣。

📋 实训任务

请针对人民教育出版社出版的培智学校义务教育实验教科书《生活适应》任选一篇课文,进行课堂导入练习,拍摄成短视频并进行自我分析评价。

| 知识窗 | [二维码] | 强化特殊教育教师落实《指南》的职责与担当 |

任务二　课堂讲授

📋 任务引导

　　课堂上教师通过运用教学语言组织教学,向学生讲解传授知识,与学生互动交流思想,以达到既定的学习目标和学习效果。

　　请思考:教师该如何科学准确地表达教学内容,最大限度提高课堂教学的质量呢?

📋 任务目标

　　1.列举讲授的四种基本方法;

　　2.恰当运用语言讲授组织课堂教学。

📋 任务描述

一、讲授的概念与类型

　　讲授是指教师系统连贯地向学生讲解教材、传授知识和技能的教学语言形式,它是课堂教学中最基本的语言表达形式。讲授主要包括讲述、讲解、讲读、讲演等四种基本方法。

　　讲述是教师运用生动形象的语言,向学生描述学习的对象、介绍学习的材料、叙述事情发生变化的过程的讲授方法。讲述重在"述",主要应用于陈述性知识的讲授,帮助学生在较短的时间内认识事物或事件。

　　讲解是教师运用解释、说明、分析、归纳、演绎、论证等手段,向学生阐明原理、规律、公式等知识,使学生把握事物的本质特点和规律的讲授方法。讲解重在"解",主要应用于程序性知识的介绍,帮助学生明确概念,认识规律、掌握原理。

讲读是教师在讲述或讲解过程中指导学生阅读或诵读有关内容,有讲有读的讲授方法。讲读法比较重"读",目的在于培养学生阅读的能力,并培养他们的语感。

讲演是教师就教材中的某一内容或某一专题,通过体态语等辅助手段进行有理有据、首尾连贯的论说。在讲演中,"讲"和"演"都很重要,教师不但要把自己的见解以言语的形式表达出来,还要运用眼神、手势等体态语来配合自己的演说的内容。

二、讲授的优缺点

1.讲授法的优势。第一,教师能使学生在较短的时间内获得大量、系统的文化科学知识;第二,教师能主导课堂教学,易于控制教学过程;第三,对教学设备没有特殊要求,教学成本较低,便于广泛运用。

2.讲授法的局限性。第一,教学内容往往由教师以系统讲解的方式传授给学生,不易发挥学生学习的主动性、积极性;第二,教师面向全体学生讲授知识,不易照顾学生的个别差异,因材施教原则不易得到贯彻。

三、讲授法的要求

教师在运用讲授法时,必须符合知识系统性、重点突出性、思想启发性和话语艺术性等要求。

1.知识系统性。教学内容之间或者有直接联系,或者有间接联系,因此教师在讲授时要注意知识的系统性。需要教师按照一条或者几条线索(时间、地域等)把内容串起来,使讲授脉络、条理清晰,便于学生的记忆和理解。

2.重点突出性。在把知识全面教给学生的同时,要注意概括教学内容的重点。由于知识点难易程度和学生智力发育程度的不同,有的内容要重点详细地讲授,有的内容只需要简单提一下或者一带而过,从而提高教学效率。

3.思想启发性。教师讲授的知识应该具有启发性,要注重引导学生学会主动思考,让学生举一反三,培养他们的积极能动性,在讲授过程中,教师对学生的启迪要比明确告诉学生答案更有帮助,更有价值。

4.语言艺术性。教学语言要符合学科的用语规范,讲授不能使人产生歧义、模糊之感;教学语言要准确简洁、生动有趣,从而引起学生的兴趣。

任务实施

以人民教育出版社出版的培智学校义务教育实验教科书《生活适应》课文为例,运用课堂讲授基本方法设计教学活动。

案例3-4 讲述

《生活适应》二年级上册第9课《团圆过中秋》,课时教学目标是了解中秋节的习俗。教师借助动画视频,采用讲述的方式,向学生讲述中秋节由来的故事,使学生了解中秋节是中国的传统节日以及中秋节的有关习俗,激发学生的学习兴趣。

案例3-5 讲解

《生活适应》二年级上册第7课《学穿鞋》,课时教学目标是学会穿搭扣鞋。教师在帮助学生初步了解穿鞋的全过程这个环节时,借助动作视频与分解动作图片,采用讲解的方式,向学生讲解穿鞋的四个步骤并强调重点与难点,帮助学生形成穿鞋动作的定向。

案例3-6 讲读

《生活适应》二年级上册第12课《我是中国人》,课时教学目标是能够说出我国的国名是"中华人民共和国""我是中国人""我们的祖国是中华人民共和国""我爱祖国"。教师借助大量的视频和图片,采用讲解的方式,讲解富饶美丽的中国的大好河山以及勤劳勇敢的人民,帮助学生认知中华人民共和国行政地图,建立中华人民共和国概念,以及"我是中国人""我们的祖国是中华人民共和国""我爱祖国"的含义,同时带读"我是中国人""我们的祖国是中华人民共和国""我爱祖国",教师边讲边读,并要求学生读出情感。这种讲讲读读的方式,在使学生理解领会句子含义的同时记住句式,培养学生的语感和爱国主义情感。

案例3-7 讲演

《生活适应》二年级上册第11课《我的邻居》,课时教学目标是能够与邻居礼貌应答。

教师借助学生生活中的事例视频,采用讲演的方式,讲解并演示同学与邻居打招呼、简单交流的过程,强调与邻居交往要使用礼貌用语,要及时应答等,然后采用师生角色扮演的方式,通过体态语、口语等进行交流,引导学生理解与邻居的交往礼仪,培养学生的社会适应能力。

实训任务

请针对人民教育出版社出版的培智学校义务教育实验教科书《生活适应》任选一篇课文,针对某一知识点,运用讲授技能的四种方法中的一种方法,进行讲授技能的练习,拍摄成短视频并进行自我分析评价。

知识窗 习近平关于教育的重要论述《紧扣培养什么人这个根本问题》

任务三　课堂提问

任务引导

　　提问是顺利进行教学的必要组成部分,在课堂教学中,需要大量的课堂提问,来引导学生思考,推动教学进程。

　　请思考:教师该如何用好提问,以提高课堂教学的效率?

任务目标

　　1.列举提问的几种不同类型;

　　2.恰当设计提问组织课堂教学。

任务描述

一、提问的概念

　　提问是教师在课堂教学中进行交流的教学技能,它是教师运用提出问题及针对学生的回答作出反馈,以促进学生主动学习,使学生理解和掌握知识、发展能力的一类教学行为。

二、提问的类型

　　提问可以分为回忆型、理解型、运用型、综合型和评价型提问等五类。

1.回忆型提问。往往用以检测学生是否记住了所学知识。这类提问较简单,要求学生对教师的提问迅速地记忆搜索,回答出教师要求记忆的内容。

2.理解型提问。常用以检查学生理解概念和规则的程度。这类提问要求学生用自己的语言对事实、研究内容等进行描述,对已学过的知识进行解释和重新组合,对学习材料进行内化处理,推断出结论或给出倾向性的建议等。

3.运用型提问。往往用以检查学生把所学概念、法则和原理等知识运用于新的问题情境中解决问题的提问方式。这类提问要求学生将已内化的信息再外化,通过信息反馈和知识运用巩固所学知识,它不仅要求学生对已知信息归类分析,而且还要进行加工整理、综合考虑、达到透彻理解和系统掌握。

4.综合型提问。要求学生对已有材料进行分析、综合,从分析中得出结论,或要求学生根据已有事实推理想象可能的结论。这类提问所追求的不是唯一的答案,而是鼓励学生提出新见解、新观点,培养学生分析问题和解决问题的能力。

5.评价型提问。是要求学生运用所学知识对观点、方法、资料等作出价值判断,评价他人观点、判断解决问题方法正误与优劣、提出新见解新观点的一种提问方式。这类提问要求学生对知识有更高一级的掌握,教师提问时经常使用的关键词是"判断、评价、证明、你对……有什么看法等"。

三、提问时应注意的事项

1.在提问的内容上,教师所提的问题要具体、明确,使学生在思考时能按一定方向去开动脑筋,寻求答案,尤其是对中度、重度的学生,更需要如此。

2.在提问的形式上,教师要根据学生的实际情况尽量多提开放式问题,多提"为什么、怎么样、原因是什么"这样的问题,有利于培养学生的发散思维,通过提问,唤起学生的求知欲望,使他们产生愿意思考、喜欢思考的心理状态。

3.在提问的对象上,教师要选择不同程度的培智学生回答,把握好问题的难易度,符合学生的知识经验及智力水平,以调动学生的学习积极性。

4.在提问的过程中,教师首先要向全体同学提出问题,让每个学生都积极活动起来,动脑筋思考,待一定时间后,再点名让某个学生回答;其次,教师在提问后,要注意观察学生的智力活动表现,在必要的情况下进行适当的启发引导,使他们能回答所提的问题;最后,在某个学生回答问题时,要让其他学生补充,教师对学生回答的问题,答对了要肯定,答错了要订正。

5.在提问的时间上,教师在上课过程之中要注意什么时候发问,备课时精心设计,做到抓住时机,恰当提问。一般来说,教材的重点、难点和疑点要问,关键的画龙点睛之处要问。

6.在提问者的态度上,教师不要把提问作为惩罚的手段,对学生要有礼貌,语气要热情真切。学生回答问题时,教师不要似听非听,或看教案或看书等。学生一时回答不上来,要善于等待,进行启发鼓励;对于回答错了的学生不训斥;对不会回答的学生不要罚站,要让他坐下来听别人回答,然后自己再回答;学生回答后,对回答的结果要有中肯的评语。

培智学校的教师要从思想上树立启发式的教学观,掌握好提问的技巧,培养培智学生的思考能力,促进学生智力的发展。

📋⭐ 任务实施

以人民教育出版社出版的培智学校义务教育实验教科书《生活适应》课文为例,设计问题组织课堂教学。

案例3-8　理解型提问

《生活适应》二年级下册第12课《三八妇女节》,课时教学目标是知道三八妇女节的时候应该向身边的女性表达敬意。新授环节,在学生理解三八妇女节要向身边的女性长辈表示祝福之后,教师向学生提问:"我们都非常爱自己的妈妈,三八妇女节到了,除了送花、送礼物之外,我们还可以帮妈妈做些什么呢?"××同学说:"在家里帮助妈妈扫地。"教师继续问:"××同学,为什么要帮妈妈扫地呢?"××同学回答:"因为今天是三八妇女节。"教师说:"对,我们主动分担家务劳动,妈妈就会很开心,这也是我们送给妈妈的节日礼物。"

案例3-9　回忆型提问

《生活适应》三年级上册第9课《保护社区环境》,课时教学目标是能做到不乱扔垃坂,将垃圾袋扎好后丢进垃圾桶。教学总结环节,教师提问:"同学们,这节课我们学习了什么内容? 保护社区环境,我们应该怎样做?"学生回答后教师总结:"社区是我们居住、生活的场所,是我们共同的家园,我们要保护社区环境。保护环境,人人有责,小朋友们也有责任。"

案例 3-10　运用型提问

《生活适应》三年级下册第 10 课《多样的天气》,课时教学目标是建立阴天、晴天、雨天的概念,感受天气变化对生活的影响,调整适应行为。巩固练习环节,教师分发表示阴天、晴天和雨天的三种天气符号图片,提问:"请同学们仔细观察,这些符号表示的是什么?"学生回答后,教师再分发"堆雪人、打雨伞、晾衣服"表示三个天气特征图片,提问:"图片上画了什么? 这是什么天气呢?"学生再回答,最后教师提问:"你们可以将对应的符号与图片用线条连起来吗? 请大家连一连。"

📋 实训任务

请针对人民教育出版社出版的培智学校义务教育实验教科书《生活适应》任选一篇课文,进行课堂提问技能的练习,拍摄成短视频并进行自我分析评价。

知识窗		有教无类,促进残疾儿童青少年共享社会发展成果

任务四　课堂强化

任务引导

美国心理学家斯金纳提出:"行为之所以发生变化,是由于强化作用。"可见,强化是塑造行为不可缺少的关键。尤其在培智学校的课堂教学活动中,因学生的身心缺陷及心理、认知等特点,对他们进行强化显得特别重要。

请思考:教师应该在什么情况使用强化手段,怎样强化?

任务目标

1.理解强化的内涵与意义;

2.合理运用强化手段开展课堂教学。

任务描述

一、强化的内涵

强化是一个心理学概念,"使有机体在学习过程中增强某种反应重复可能性的力量称为强化"。强化的原理就是适当的行为因受到强化而继续出现;不适当的行为因没有受到强化而减弱乃至消失,是塑造行为和保持行为不可或缺的关键。强化在课堂教学中运用可以达到提高学生注意的持续性、引起学生学习动机、促进学生积极参与活动、形成和改善学生行为等目的。

二、强化的意义

（一）激励正确行为成为好习惯

运用强化的最终结果是使孩子偶然出现的正确行为成为经常性的行为,最后成为一种行为习惯。因此,运用强化最终是要摆脱强化。为了做到这一点,在训练中要避免过度强化。所谓过度强化就是强化的频率太高使得孩子形成对强化的依赖,具体表现为不给予强化即使能做也不做。

（二）引导孩子的社会性发展

强化手段的运用关系到学生的社会性发展。学生对强化物需求的不同意味着学生社会性程度的不同,教师要努力把学生培养成社会化的人。他们要懂得别人的表情、在意别人的表情,通过别人的表情约束自己的行为。因此,强化就不能停留在生理性强化的层面。对于仍需要生理性强化的培智学生,在运用强化时,生理性强化与社会性强化要同时使用,并且社会性强化出现在生理性强化之前,目的是让学生在正确行为与社会性强化之间建立联系。例如:教师要求学生"坐下"。学生一旦坐下就马上表扬(社会性强化物),然后给予他喜欢的食物—饼干(消费性强化物)。使学生理解"坐下"老师就会笑,就会表扬他。而老师笑了,才有饼干吃,逐渐,他懂得了老师表情的含义。

三、强化的方式

强化的方式很多,教师在教学中运用的强化技能主要有语言强化、活动强化、符号强化等类型。

1.语言强化:教师用语言评论的方式,如表扬、鼓励、批评、感谢,一般有三种形式:口头语言强化、书面语言强化和体态语言强化。

2.标志(符号)强化:加盖印章图案、实物奖励、填写图表、做标记。

3.动作强化:表情、手势、接近、抚摸、拥抱。

4.活动强化:教师对积极参与教学活动或成绩好的学生,安排特殊的个别活动,或一些学生喜欢参加的活动、乐意完成的某项任务,进行奖励或激励。

四、应用强化需要注意的几点要求

1.时效性。对学生的反应要及时(五秒之内)给予强化并说明原因。强化的时间对于强化效果有很大的影响,过早易使学生慌乱,阻碍活动进行,过晚易使学生失去帮助的良机,甚至可能使用不了正确的信息。

2.多样化。强化的方式要经常变化。强化的手段要根据所授课内容的特点经常变化,否则会引起学生乏味。社会性强化要逐步取代生理性强化,到最后完全使用社会性强化。

3.个性化。强化要顾及强化对象的个性及行为程度。强化的方法要符合学生的年龄特征和学生的表现,不同性格特点的学生用不同的强化方法,教师要特别注意鼓励学生的微小进步,强化物应多样化并根据孩子的成长而不断更新。

4.针对性。对学生的强化应明确、具体。一定要将学生的注意力引到学习上来,提高学生参与教学活动的意识,帮助学生形成正确的学习行为。教师要兑现契约,并没有附加条件。

5.恰当性。掌握好强化的尺度,避免过多或过少的强化。过多的强化会使学生对强化产生依赖性,过少的强化造成学生的学习积极性降低。当期望的某种行为已经相当巩固了,要逐渐减少强化的次数,直至最终在每一间隔时间后,偶尔给予强化。

任务实施

教师在教授人民教育出版社出版的培智学校义务教育实验教科书《生活适应》二年级下册第1单元第2课《今天我值日》时,发现班上一位13岁的唐氏综合征男生小明,总是不愿意参加值日劳动。为了改变小明的这一行为,教师运用强化手段培养学生良好的劳动习惯。

第一阶段,每天的班级劳动时间,教师就让他休息,试图用过多的休息来惩罚他。当劳动结束前,教师及时表扬了劳动积极的同学,还给每位参加劳动的同学奖励一个小星星。

第二阶段,教师开始让小明做一些力所能及的简单劳动,即每天只是让小明把地面的垃圾捡到垃圾筐里,让他逐渐完成一些简单的任务。事后表扬小明:"你把地上的垃圾都捡到了垃圾筐里,你做得很好!"并抚摸了小明的头。但没有发小星星,告诉他还要继续努力。

第三阶段逐渐增加小明的劳动任务,而且适当给予小明休息的时间,而且在休息的时候,让听他最喜欢的音乐。劳动小结的时候,除了口头表扬他在劳动时能与大家同步了,还奖励一个小星星。

教师运用了语言强化、标识(符号)强化、动作强化、活动强化,采用了正强化和负强化相结合的方法,促进了学生良好行为的发生。通过训练,小明形成了主动参与劳动的意识和行为。

实训任务

请针对人民教育出版社出版的培智学校义务教育实验教科书《生活适应》任选一篇课文,进行课堂强化练习,拍摄成短视频并进行自我分析评价。

知识窗　　特殊教育教师专业标准（试行）

任务五　课堂教学情境创设

任务引导

李吉林老师指出,教学往往割裂了环境与儿童活动的有机联系,教育环境对儿童来说变得疏远、陌生,甚至格格不入……因此,教育教学活动很难成为儿童的主观需求,而是被动地接受。既然是被动,就势必阻碍儿童潜在能力的充分发展。反之,如果教师创设的教育环境对儿童(个体)来说是熟悉的,就能激发学生学习的兴趣和动机,主动学习也就易于发生。

请思考:如何在课堂教学中创设有价值的教学情境呢?

任务目标

1.了解教学情境创设的基本方法和要求。

2.熟练运用情境创设的基本方法进行有价值教学情境的创设。

任务描述

一、情境与情境教学

情境就是人与其所处环境相互作用而形成的一种对人身心产生作用的特殊环境,包含具体可见的物质环境和不可见的非物质环境。

在日常生活、学习、工作情境中,实施教育教学,称为情境教学。解决的是学生认识过程中的形象与抽象、实际与理论、感性与理性、旧知与新知、背景与知识以及问题与思维的关系和矛盾。

情境有两个要素:一个是"情",要把学生的"情"激发出来,吸引学生进入学习状态,唤起学生的求知欲。一个是"境",就是用一种直观的方式,再现书本知识所表述的实际事物或者实际事物的相关背景,带领学生进入学习情境。

教学情境的创设包括创设事实情境、问题情境、实验情境、艺术情境、社会事件情境、故事情境等。

二、教学情境创设的常见误区

1.创设情境远离教学内容。情境的创设是为教学内容服务,否则就不能起到增进教学效益的作用。

2.创设情境喧宾夺主。情境的创设需要激发学生的学习兴趣和认知冲突,但情境创设不能超过学生的认知水平,不能哗众取宠,否则就会对教学活动造成干扰。

3.创设情境远离学生的生活。教学的情境的创设要尽量贴近学生的生活,贴近学生已有的经验。否则,就不会唤起学生的学习兴趣和动机,甚至会损伤学生学习的兴趣。

任务实施

以人民教育出版社出版的培智学校义务教育实验教科书《生活适应》课文为例,设计教学情境组织课堂教学。

案例 3-11 借助实物图像创设教学情境

1.借助实物或模型创设学习情境。教学中通过实物、模型、标本等实物创设情境。如教学二年级下册第 6 课《整理自己的餐具》,创设家庭环境,使用筷子、碗、盘子、勺子等实物进行餐具整理的教学,使学生学会整理。

2.借助图片或视频创设学习情境。如教学二年级上册第 10 课《我生活的小区》,教学中借助现实生活中的写真人物、场景图片,借助制作拍摄的真人出镜的视频,创设小区环境的学习情境,使学生认识了解自己生活的小区,形成安全意识。

案例 3-12　借助事实创设教学情境

借助具体的事实或经验来创设学习情境。这些事实或者经验为学生所熟悉。如教三年级上册第 3 课《刷牙》，通过创设早上起床的情境，联系学生的生活经验，让学生在情境中学习刷牙，掌握刷牙的方法。

案例 3-13　借助实践活动创设教学情境

在实践活动中开展教学。如教学一年级下册第 4 课《校园安全》，在真实的校园环境中学习，以"认识安全标识、粘贴安全标识、访问安全工作人员、介绍安全人员工作职能"等系列活动，在实践活动中了解校园安全注意事项，提高安全意识。

案例 3-14　借助已有知识经验创设教学情境

学生的经验包括认知经验和生活经验，在教学中充分挖掘和利用学生已有的知识和经验创设学习情境。如教学一年级下册第 5 课《常见的水果》，展示学生在家摘水果、吃水果的照片创设学习情境，帮助学生认识家乡的水果，表达对家乡水果的喜爱之情。

案例 3-15　借助社会生活背景创设教学情境

在鲜活的日常生活环境中发现、挖掘学习情境的资源。如新冠肺炎防控时期，创设疫情防控情境教学《新冠肺炎防护知识》，讲解口罩的戴法、七步洗手法、向抗疫英雄致敬等内容。

案例 3-16　借助问题创设教学情境

有价值的教学情境一定是内含问题的情境，它能有效地引发学生的思考。情境中的问题要具备目的性、适应性和新颖性。如教学二年级下册第 7 课《身体不舒服》，创设班级同学没有来上学生病在家的情境，提出问题："他为什么没有来上学呢？"让学生思考领会同学是生病了，身体不舒服，不能来上学。

📋 实训任务

请针对人民教育出版社出版的培智学校义务教育实验教科书《生活适应》任选一篇课文，进行课堂教学情境创设练习，拍摄成短视频并进行自我分析评价。

典型案例

违反教师职业行为十项准则案例

任务六　模拟十分钟片段教学

任务引导

所谓十分钟片段教学,是相对于一节完整的课堂教学而言的,是截取某节课的某个局部教学内容,执教者在 10 分钟左右的时间内,完成指定的教学任务,来展现自己的教学思想、教学能力等。

平常的课堂,教师是与一个个鲜活的生命"打交道",而模拟十分钟片段教学是无生模式下的模拟课堂,因此经常会造成教师在理解上的错误,一种情况是教师把一节完整的课浓缩在十分钟内讲完;还有一种情况是因为没有真实的学生存在,变成了说课。

请思考:在 10 分钟的时间内要教些什么? 怎么教?

任务目标

1.理解十分钟片段教学的内涵及基本要求;

2.能实施 10 分钟片段教学。

任务描述

片段教学是演绎真实的课堂过程,精彩对话、精致板书、师生互动等课堂要素缺一不可。主要应用于教师资格考试(面试)、教师招聘和教师教学能力竞赛。

一、教什么

一般的情况下,片段是一个相对独立的教学内容,可以选择一个课时中的教学重点或难点来进行教学,重点解决一个问题,体现教学思想、教学水平、教师基本素养。

例如,人民教育出版社出版的培智学校义务教育实验教科书《生活适应》二年级下册第四单元社区生活《使用公共厕所》,可以就"区分男女厕所标识"进行片段教学,也可以就"根据自身性别正确选择公共厕所"进行片段教学,还可以就"在遇到困难时礼貌向他人寻求帮助"进行片段教学。

二、怎么教

根据《中小学和幼儿园教师资格考试大纲(试行)(面试部分)》要求,面试的测试主要考查申请教师资格人员应具备的新教师基本素养、职业发展潜质和教育教学实践能力,主要包括:良好的职业道德、心理素质和思维品质;仪表仪态得体,有一定的表达、交流、沟通能力;能够恰当地运用教学方法、手段,教学环节规范,较好地达成教学目标。因此,在片段教学环节中,至少要体现以下几个方面。

1.环节规范,结构合理。片段教学既然是演绎真实的课堂过程,那么就要体现真实课堂的教学流程,所以应包含课堂导入、呈现新知、巩固练习、课堂小结四个环节,且各环节的用时应分配合理。

2.目标明确,条理清晰。高质量的教学方案是高质量片段教学的必要前提。在片段教学中,教师要依据确定的教学目标,围绕教学重难点进行教学;要依据学科知识逻辑与学生特点安排教学顺序,使知识的呈现逻辑准确、条理清晰。

3.知识准确,任务完成。教师所授内容无知识性错误,无知识表达错误,以及板书无错别字、无笔画错误等,教学任务基本完成。

4.教法恰当,媒体多样。要根据生活适应课程教学规律,基于学生的生活经验,选择适合学生特点的直观演示法、游戏教学法、多感官教学法、情境教学法等教学方法,以及集体教学、小组合作、个别指导等组织形式,教师不能单一采用讲授法一讲到底。要想象已准备好所需要的教具、学具和多媒体影像资料等,运用教学语言、肢体语言、简笔画等形式恰当描述出所需的教学情境,使虚拟的教学情境更形象更逼真,展示教师的教学基本功。

5.板书工整、布局合理。板书具有体现教学意图、理清全文脉络、突出教学重点、强化形象直观、巩固记忆等功能,片段教学中的板书要做到文字美观,内容完整,布局新颖,结构严谨,色彩和谐,目的明确。

6.师生互动,评价具体。片段教学虽然没有学生参与,但教学过程要有交流感,因此,教师要有激情,要对学生的学习活动作出反馈。要注意的是教师的评价语言不能太简单、太笼统,如"回答得真好""太棒了"等,一是要考虑学生可能说出哪些内容,要对学生回答的重点内容重复一遍然后进行评价,这样,听课的人才会知道学生回答的内容。二是教师在评价学生时要尽可能多地采用描述性评价,即对学生的学习行为表现进行细致描述,做到不仅关注学生的学习成绩,还重视学生的态度、行为和能力等,这样的评价将课堂活动过程巧妙地呈现给了听课的人,使无生模式的课堂真实而丰满。

📋 任务实施

以人民教育出版社出版的培智学校义务教育实验教科书《生活适应》四年级上第 3 课《注意饮食安全》为例,设计 10 分钟教学片段。

一、课时分配

课文分为三个课时进行教学。

第一课时教学内容为知道要吃新鲜的食物,不能吃变质的食物,建立饮食安全的意识。

第二课时教学内容为知道水果、蔬菜要清洗干净或削皮吃,建立饮食安全的意识。

第三课时教学内容为了解食品有保质期,不吃过期的食物,建立饮食安全的意识。

第四课时教学内容为饮食安全在生活中的应用。

二、片段教学内容选定

片段教学选用第一课时,教学目标为知道不吃变质的水果;知道饮食安全的重要性。

三、片段教学基本流程

1.表明试讲课题与试讲开始。如,"各位评委老师好,我今天试讲的课题是《注意饮食安全》。现在我开始我的试讲。"

2.导入。要简洁明了,直接进入课题,节省时间。如,"同学们好,我们每天都要吃很多的食物,话说病从口入,饮食安全关系到我们的身体健康,非常重要。今天我们就来学习《注意饮食安全》这篇课文",板书课题并朗读。

3.呈现新知。一是要抓住并紧扣重点与难点,详细讲解,讲深讲透讲清楚,注意知识呈现的逻辑。此片段的目标是认识不同的变质水果,建立不吃变质水果的意识。在教学中可采用逻辑归纳的方法,列举苹果、橘子、香蕉新鲜的状态和变质状态,进行对比,逐个强调什么样的状态下是可以食用的,什么状态下是不能食用的,是变质水果,强调吃了会生病,演绎帮助学生建立变质食物的概念、建立饮食安全意识的过程。二是要体现教学方法的运用。在教学过程中可以采用简笔画的形式来解决教学无道具的问题,使呈现的水果具体化、形象化,既符合培智学生的认知特征,也体现了授课者的教学基本功;还可以采用多感官教学法,演绎让学生看一看、摸一摸、闻一闻等活动,使片段教学生动活泼。三是要体现教学活动的组织。在教学过程中可以运用小组合作、讨论的形式,演绎学生发现水果变质特征的过程,展现学生的语言表达、问题发现、知识运用等能力。另外,授课者在片段教学中要注意演绎个别指导的过程,要善于去设计学生学习过程中存在的问题,而学生出现的问题也一定是与教学重点难点有关的问题,展现个别指导过程的同时强化教学重难点。四是要有情感态度与价值观渗透。在教学过程中,授课者要不失时机地展现是如何帮助学生建立饮食安全和自我保护意识的过程。五是要有教学评价。片段教学中授课者要有用描述性的语言对学生行为进行评价的展示,如"你发现苹果上面有黑色的斑块,还用手去触摸,发现苹果已经变软了,坏掉了,苹果不能吃了。你观察得很仔细,非常棒!老师要表扬你!"六是恰当使用教学语言和肢体语言。片段教学是无生模式下的教学,授课者需要有很好的表现力,将无生模式下的师生互动运用肢体语言、教学语言恰当地表现出来。教学语言要亲切自然,体现出对学生的爱。肢体语言要柔和、恰当,体现教态的得体大方,从容自信。七是要适当板书。板书的课题的位置要高于教师身高,且字体要稍大;主板书一定是在黑板的正中间位置,字体稍微小于课题字体大小;要注意锤炼板书语言,做到正确准确、简洁精练、整齐对称。

4.巩固练习。可以做一个极简的课堂小测试,比如判断题、选择题、填空题、连线题。若时间不够,此步骤可以省略。

5.教学总结。简练回顾本次片段教学的内容,对学生的学习情况进行总结。

6.表明试讲结束。如,"尊敬的评委老师,我的试讲完毕,感谢您的指导。"

实训任务

请针对人民教育出版社出版的培智学校义务教育实验教科书《生活适应》任选一篇课文,进行课堂片段教学设计,拍摄一个 10 分钟模拟片段教学视频并进行自我分析评价。

知识窗

中小学教师资格
考试暂行办法
（节选）

项目二　评价与反思

项目概述

　　义务教育质量评价包括县域、学校、学生三个层面。县域评价包括价值导向、组织领导、教学条件、教师队伍、均衡发展等重点内容,旨在促进地方党委政府履行举办义务教育职责,促进县域义务教育优质均衡发展;学校评价包括办学方向、课程教学、教师发展、学校管理、学生发展等重点内容,旨在促进学校落实立德树人根本任务,深入实施素质教育;学生评价包括学生品德发展、学业发展、身心发展、审美素养、劳动与社会实践等重点内容,旨在促进学生德智体美劳全面发展,培养适应终身发展和社会发展需要的正确价值观、必备品格和关键能力。

　　教育部 2022 年 11 月 1 日印发《特殊教育办学质量评价指南》,其中"特殊教育办学质量评价指标"考查要点第 25 条要求"健全特殊学生综合素质评价办法,遵循特殊学生身心发展特点和特殊教育规律,开展过程性评价,实施个别化、多元化评价,依据评价结果改进教育教学工作";考查要点第 26 条要求"根据合理便利原则,结合特殊学生需求,合理调整评价方式与评价内容,提供便利条件,将思想品德、学业水平、身心健康、艺术素养掌握情况作为基本评价内容,突出对社会适应能力培养、心理生理矫正补偿和劳动技能等方面的综合评价"。本项目从培智学校生活适应课程教学的角度引导大家学习学生评价和教学反思两个工作任务。共 4 学时。

📋 学习目标

素质目标	1.树立爱岗敬业精神;积极钻研,富有爱心、责任心、恒心、细心和耐心 2.有德育为先、育人为本、能力为重的理念
知识目标	1.了解教学评价的含义及其类型 2.理解教学反思的基本方法与策略
能力目标	1.灵活运用多元评价方法,多视角、全过程评价培智学生的发展 2.科学撰写教学反思

📋 项目导航

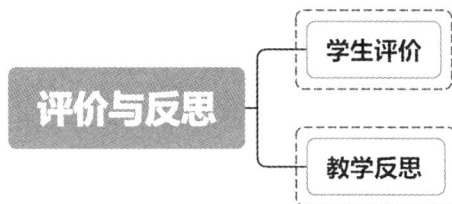

任务一　学生评价

📋 任务引导

　　教学是有目的的、有计划的活动,学生是否掌握了预定的知识、技能,教学目标是否得以实现,教学计划是否得以完成,就必须对教学实际情况及其变化通过教学评价进行检验。

　　《特殊教育专业师范生教师职业能力标准(试行)》对师范生教学评价能力提出要

求:树立促进学生学习的评价理念,理解教育评价原理,掌握特殊学生学习评价方法与技术,将评价作为激励手段,在教学实践中实施过程评价,初步运用增值评价,合理选取和运用评价工具,评价学习活动和学习成果;能够利用技术工具收集学生学习反馈,跟踪、分析教学与学生学习过程中存在的问题与不足,形成基于学生学习情况诊断和改进教学的意识。

请思考:教师在生活适应课程的教学中如何评价学生?

📋 任务目标

1.了解教学评价的含义及其类型;

2.科学、全面、准确地实施学生评价。

📋 任务描述

一、评价与教学评价

评价是人对事物价值的一种观念性把握,是主体对客体的价值及其大小所作的判断,因而也被称作价值判断、价值评价。价值是指客体对于主体表现出来的积极意义和有用性。评价是以事实为基础,从目标和需要出发,对客体作出价值判断的过程。

教学评价是指通过各种测量,系统地收集证据,从而对学生通过教学发生的行为变化予以确定。教学评价是对教学的价值判断过程。这一概念强调了三点:一是对学生的学习进行测量,要系统收集学生学习的大量信息,并据此按照某种标准对学生的行为变化作出评价;二是要通过教学活动来确定学生行为所发生的变化,而非通过其他渠道测量学生的变化;三是要依据一定的目标或标准实施测量。

二、教学评价的功能

（一）诊断功能

通过教学评价，可以了解到教师的备课准备状态是否充分，制定的教学目标是否具体、可操作，所采取的教学策略是否有效，所选取的教学媒体是否低耗高效，所设计的教学过程是否最优化，从而诊断出教师在教学设计中的问题和缺陷。还可以了解到学生在多大程度上达到了教学目标的要求，未能达到教学目标要求的原因是什么，诊断出学生在学习过程中遇到的困难和问题。

（二）强化功能

通过教学评价，可以确认教师在教学中所取得的成功经验，使教师在某种程度上获得精神上的满足和成就感，从而促进教学技能水平的不断提升。给予学生肯定性的评价，可以激发学生的学习动机，促进其学习，提高学习成效。

（三）反馈功能

通过教学评价，诊断出教师教学过程中和学生学习过程中的问题和困难，教师可以针对评价所获得的反馈信息，进一步修改和完善教学方案，调整学习活动安排等，提高教学质量。学生可以开展补救性学习，改进学习方法等，达到学习目标要求。

三、教学评价的类型

教学评价根据评价的功能，可分为诊断性评价、形成性评价和总结性评价；根据评价的标准，可分为绝对评价、相对评价和自我评价；根据评价分析的方法，可分为定性评价和定量评价。

（一）诊断性评价、形成性评价、总结性评价

1.诊断性评价

诊断性评价是指为使教学适合于学生的实际情况,满足其学习需要,使教学活动的设计具有较强的针对性,在进行教学活动之前,对学生的知识基础、能力水平和态度等学习准备状态以及影响学习的因素所实施的评价。

诊断性评价的主要作用有:一是检查学生的学习准备状态。二是了解学生在 学习上的个别差异,在此基础上,对教学目标、教学内容、教学手段等进行合理调整和安排,满足学生多样化的学习需要。三是找到学生学习困难的原因,采用针对性的教学措施,以取得良好的学习效果。

2.形成性评价

形成性评价是指在教学过程中为改进和完善教学活动而进行的对教学和学习过程及结果的测定。它注重对平时学习过程的经常性检查,关注对学习过程的测试,强调利用测试的结果来改进教学,使教学过程不断得到经常性的测评和反馈、修正和改进,逐步获得最优化的教学效果。所以形成性评价测试的次数比较多,内容分量少,通常在一个章节、一个单元、一个课题或新知识、新技能等的学习之后进行,及时检查学生的学习状况,使教师和学生明确下一步应如何教如何学,从而指导师生完成既定的教学和学习目标。

形成性评价的主要作用有:一是改善学生的学习。通过评价,揭示学生在学习过程中遇到的问题和困难,查找学生在知识、技能、态度等方面的欠缺。同时为学生提供针对性的学习指导,提出解决学习问题、克服学习困难和弥补学生在知识、技能、能力等方面的欠缺的措施。二是为学生的下一步学习定步调。通过评价,确定学生在前一阶段学习的掌握程度,并据此确定下一阶段学习的目标和任务。三是强化学生的学习。通过评价,可以使学生及时获取成功的体验,从而强化学习结果、增强学习动力。四是为教师提供反馈信息。通过评价,教师可以及时发现和找出在教学目标的制定、教学内容的分析、教学顺序的安排、教学方法的选择、教学媒体的选用等方面的问题,从而针对性地改进教学。

3.总结性评价

总结性评价是指在一个教学阶段结束后,对教学和学习结果的评定。总结性评价是在学完某门课程或某个重要部分之后进行的,是评价学生是否达到教学目标要求而进行的概括性水平较高的测试和成绩评定。

总结性评价的主要作用有:一是评定学生的成绩。通过评价,确认学生在某门课程上达到教学目标的程度,对学生的学业成绩作出整体的和全面的价值判断。二是确定新的学习起点。通过评价,确定学生在知识、能力、态度等方面的程度和水平,这种程度和水平是确定下一步学习起点的依据。三是为学生提供反馈。通过评价使学生认识到目前学习的状态,了解自己的学习程度、学习水平以及存在的难点问题,为下一阶段的学习目标制定提供依据。

(二)绝对评价、相对评价、自我评价

1.绝对评价

绝对评价是指在评价对象群体之外,预定一个客观的或理想的标准,并运用这个固定的标准去评价每个对象的教学评价类型。绝对评价具有标准比较客观的特点,特别适用于以鉴定资格和水平为目的的教学评价活动。

2.相对评价

相对评价是指以评价对象群体的平均水平为基点确定评价标准,以此标准来评价群体中的个体在群体中的相对位置的一种教学评价类型。相对评价的标准设在群体之内,要求把个人成绩同其他成员的成绩相比较,从而确定个人的相对位置,达到在全体成员中评价学习结果的目的,尤其适合于以选拔为目的的教学评价活动。

3.自我评价

自我评价是指把每个评价对象个体的过去与现在或个体的不同方面进行比较,从而得出评价结论的一种评价类型,即以评价对象自身状况作为参照系对个体进行纵横比较所作的判断。纵向比较是指把评价对象的过去与现在进行比较。横向比较是指把评价对象的某几个方面进行比较,判断其强弱、长处与不足。

自我评价可以综合、动态地考查学生的发展变化过程,可以照顾到学生的个体差异,

不会给学生造成更多的竞争压力。在教学实践中,自我评价常用作改变"学困生"的有效措施,并能收到很好的效果。

（三）定性评价、定量评价

1.定性评价

定性评价是运用分析和综合、比较和分类、归纳和演绎等逻辑分析的方法,对所获取的数据资料进行思维加工,以描述性的语言对评价对象作出价值判断的一种教学评价方法。定性评价是用非量化手段收集教学过程中的各种信息和资料,舍弃了非本质的现象,对事物本质进行决策性判断,对评价对象作"质"的分析。

2.定量评价

定量评价是运用统计分析、多元分析等多种数学方法和手段,对所收集到的各种数据进行量化处理和分析,找到集中趋势的量化指标,作出综合性的定量描述和价值判断的一种教学评价方法。定量评价是综合各种信息进行量化统计的评价方法。

定性评价和定量评价这两种教学评价方法各有所长,两者互为基础、优势互补,因此,定性评价和定量评价经常结合在一起运用。

📋 任务实施

在生活适应课程教学中如何评价学生的学习活动和学习成果?

《培智学校义务教育生活适应课程标准(2016年版)》实施建议中"评价建议"明确:"本课程以课程目标和课程内容为基本依据,坚持多元、开放、整体的评价观,旨在激励每个学生的发展,促进其生活适应能力的提高"。

一、评价目标注重共性与个性的结合

评价目标与内容的确定应以生活适应课程标准的内容与要求为基本依据,从每个学生的原有基础出发,尊重学生的个性特点,既关注全体学生要达成的共同目标,也要关注每个学生的个别化目标。

二、评价方式注重质性与量化评价的结合

以质性评价与量化评价相结合的方式进行,以质性评价为主。采用的评价方法主要有:观察、访谈、测验、成长资料袋评价等。教师应重视日常观察的方法,客观记录学生在活动中的各种表现;也可通过访谈家长、其他相关人员以及学生本人,获得有关学生发展的相关信息。不同的评价内容所需要的评价方法不尽相同,在评价过程中要注意综合运用。

三、评价过程注重多元化和开放性

评价主体多元化。评价主体既可以是教师、家长及其他有关人员,也可以是学生。采取教师、家长及其他有关人员他评与学生自评、同学互评相结合的方式。

评价标准多元化。根据学生不同情况,采取多元化评价标准,关注每一个学生在其原有水平上的纵向发展。

评价方式开放性。运用多种方法,采取多种形式收集来自家庭、学校、社区等各方面的信息,全面地评价学生。

四、评价结果注重客观性和指导性

通过评价,教师能够比较客观、全面地了解每个学生的生活常识、行为习惯以及心理健康状况,了解每个学生适应社会能力的不同发展水平。教师应根据评价结果仔细分析每个学生的发展优势及不足,并以此为基础,在随后的教育教学活动中提供更有针对性的指导,从而帮助学生获得积极的体验,健康、自信地成长。

实训任务

如果你是一名生活适应课程教师,通过一个学期的教学,你会从哪些方面采用何种方式评价学生?

知识窗　　强化特殊教育教师落实《指南》的职责与担当

任务二　教学反思

📋 任务引导

《特殊教育专业师范生教师职业能力标准（试行）》对师范生反思改进能力提出要求：具有反思意识和批判性思维素养，初步掌握教育教学反思的基本方法和策略，能够对教育教学实践活动进行有效的自我诊断，提出改进思路。

请问：教师在如做教学反思？

📋 任务目标

1.了解教学反思的含义；

2.了解教学反思的基本方法与策略；

3.科学撰写教学反思。

📋 任务描述

一、反思与教学反思

华东师范大学熊传武教授认为，反思是行为主体从旁观者的视角，以批判的眼光审视自己的行为和情境的能力。

何谓教学反思呢？教学反思是教师自觉地以自己的教育教学实践为思考对象，对自己所做出的行动、决策以及由此产生的结果进行审视、分析和总结，进而发现问题并进行调节，以达到良好教学效果和促进教师专业成长目的的过程。美国教育心理学家波斯纳提出的教师成长公式:经验+反思=成长,强调了自我反思在教师在专业发展中的重要作用。

二、教学反思对教师专业发展的重要意义

（一）教学反思有助于促进教师专业知识的增长

教学反思是教师对自身教学活动的反观,是一种主体驱动性活动与主动的思维过程。教师在反观自身教学活动的过程中,必须突破自身经验的局限,在现有知识水平的基础上不断补充教育教学以及自己所学专业的理论和方法论知识。与专业书籍对话、与学科专家对话、与教师同行对话、与听课学生对话,以挑剔的眼光审视自身的教学实践,从这个角度上讲,教学反思本身也是教师自身自我学习、充电、增进的过程,对于教师专业知识的增长具有很大的促进作用。

（二）教学反思有助于促进教师专业能力的提升

教学反思能力是教师专业能力结构的重要组成部分。教学反思是在行动上以解决教学中的实际问题为出发点,教师通过对已完成的教学活动进行深度复盘和审慎思考,在已有问题的基础上汲取经验教训,然后将获得的经验教训进行凝练并升华到一定的理论高度,随后运用到日后的教学实践中进行验证,以此循环往复,进而达到提高自身教学实践能力的目的。如此看来,教学反思能让教师学会发现问题、分析探讨问题、批判处理问题的方法,养成问题意识、批判性思维习惯,并在"反思—改进—再反思—再改进"的循环中达成了学会学习和学会教学的统一,有效促进了教师专业能力的可持续发展。

（三）教学反思有助于促进教师专业情感的升华

教学反思的过程是教师对自身教学实践反观、审视、调节的过程,是教师负责任地通过教学反思发现问题进而改进问题的过程。其动力是来自于对高效、优质教育的追求以及自我成长的需要,这样的教师是具有教育情怀与专业情感的。同时,通过教学反思,教师在复盘、改进的过程中获得了解决教学实践问题的成就感,增强了对教师职业的认同

感,极大地促进了教师专业情感的升华。

三、教学反思要素

教学反思要素的根本就是教师主要针对哪几个要点来反思自己的教学。不同学者对教学反思的要素有不同的理解和说明,这里从特殊教育的角度出发,将教学反思的要素分为教学目标、教学内容、教学过程、教学效果、教学管理和师德六个方面。

1.反思教学目标。教学目标的反思包括对知识目标、技能目标、情感态度价值观目标的反思。培智学校中,学生程度的差异性很大,为了适合每个学生的需要,同一节课中需要针对不同能力水平的学生设定多个层次的教学目标。但在实际教学中很容易发生一些突发情况,使得教师无法面面俱到来照顾每一个学生的目标能否达成。有的教师为了减少麻烦,可能不会考查学生的实际情况来设定不同的目标,因而培智学校教师比较忽略对教学目标的反思。

一位教师对教学目标进行反思时这样写道:

我教授的内容是物品归类。事先我准备了一些学习用具,比如本子、铅笔、文具盒;还准备了一些生活用品,比如香皂、香皂盒等,目的的是让学生找出物品之间的内在关系,进行归类。为了使这节课能有一个高度,我还为学生准备了电池、钟表、锁头、钥匙等干扰物。可是课刚上了一半,学生就能够准确地讲出这些物品的名称并能正确归类,导致我这节课后半段时间全是在磨洋工,这就是我低估了学生的能力,没有正确地设定教学目标。吸取了这节课的教训,在另一次课上,我又准备了许多学具,目的是让学生进行触觉分辨。在触摸以后,分辨物品的软、硬、粗糙和光滑,并将其进行分类。可是一堂课上都上了20多分钟了,学生才勉强将软和硬进行分辨,而粗糙和光滑本课基本上都没有涉及到……这次我又高估了学生的能力,再次以没有达到预设的教学目标而以失败结束!

这是教师在教学没有达到预期效果后进行的反思,反思自己没有真正做好学情分析,不了解学生现有的知识与技能水平,导致目标设计不贴合学生的实际需要。

2.反思教学内容。教学内容的反思是对选择的教学内容是否符合教学目标、是否符合学生的实际需要的反思。教学不是简单的照本宣科,教学内容不等同于教材内容,优化教学内容就是教师科学地、艺术地整合教材的过程。在培智学校中,学生程度参差不齐,而且班级每名学生的家庭状况、生活环境、学习需求各不相同,这就需要教师兼顾到每名学生的具体情况针对教学目标选择合适的教学内容。合适的教学内容直接影响着学生对知识的接受情况,因而培智学校教师对教学内容的反思尤其重视。

3.反思教学过程。教学过程的反思包括对教学顺序、教学组织形式、教学方法和教学媒体的反思。培智学校中学生的类型大体包括智力障碍学生与孤独症学生这两种,这两种学生的共同点是除了有一定程度上的智力落后外,还有很严重的行为问题,如孤独症学生的攻击行为、刻板行为,智力障碍学生注意力易分散等,这种情况用单纯的讲授法是无法长时间吸引学生的注意并引起学生的学习兴趣的,因此培智学校教师经常将情境教学法与讲授法相结合,把学生带入情境,引起学习兴趣,并运用练习法,强化所学知识。再合理配置使用多媒体,尽可能地延长学生注意时间,丰富其感官的直接体验,帮助学生掌握知识与技能,因而,培智学校教师对教学过程的反思格外关注。

4.反思教学效果。教学效果的反思是对课堂教学目标的达成程度的反思。根据《培智学校义务教育生活适应课程标准(2016年版)》培养目标要求,要帮助学生了解基本的生活常识,掌握必备的适应性技能,具有基本的生活适应能力。培智学校教育的最终目标是让学生适应社会的发展,好的行为经验可以帮助学生更好的适应社会,融入社会。因此,对于智力残疾的学生,可能无法接受某些文化知识,但是可以通过训练,使身体的某些能力得到提高。这些都使得教师在对效果进行反思时,会更多关注行为经验与技能这两方面,而较少反思知识的内容,对于情感态度价值观的反思则更少。

一位教师对教学效果进行反思时这样写道:

她有一些不太好的习惯,比如,吃饭的时候会第一时间把肉吃掉,之后才是蔬菜,最后才吃米饭。我决定从每天三次的吃饭开始进行她的行为纠正。第一天我只是用语言提醒。在学生吃午饭的时候,我反复提醒,她在我提醒的时候吃一口饭,要不就还是闷头吃菜;第二天,我把她安排在我的身边,每一口都提醒她,但是稍稍关注别的学生时,她就又开始只是吃菜;再后来几天我就把她的菜和饭混在一起,但是她还是有时候把喜欢的菜挑出来先吃⋯⋯

这是教师针对教学效果中的行为经验进行的教学反思。教师为了改正学生不良的饮食的习惯,不断改进方法,不断反思,最终改正了学生的不良饮食习惯。

5.反思教学管理。教学管理的反思包括对教师的教学节奏、教师对学生的引导、师生互动的反思。培智学校由于教学对象的特殊性,使得教师可能会忽视学生是教学活动的主体与中心。有些教师把学生当作知识被动的接受者,没有以学生发展为目的来组织教学活动,较少关注学生的参与。因此在进行教学反思时,更多关注自身的教学节奏,较少地反思对学生的引导与师生互动两个方面。

6.反思师德。师德的反思包括对关爱学生、教书育人、为人师表的反思。对于培智学校教师来说,课堂上学生的异常举动、无法控制的情绪与行为、心理上的变化等,尤其需要教师密切关注,要找出学生异常举动背后的原因,避免危险的发生,这些都是值得反思的地方。

一位教师对师德进行反思时这样写道:

小浩的低吼没停反倒大了,他妈妈又想动手,我急忙把小浩带到我的桌前。小浩仍在发出吼声但稍稍降低了,眼泪汪汪地看着我。想想孩子多可怜啊,需要帮助的时候却不能像正常孩子一样表达出来。我观察了到他穿得太多了,原来前段时间的气温一直很低,除了穿衬衣还要穿外套。可是在上周四,气温骤然升高,小浩妈妈仍然让他自己选择衣服,没有做适当的建议,二十多度的天气穿抓绒衣服,谁也不会舒服啊,难怪小浩直叫唤。我告诉他妈妈赶紧帮他脱下抓绒外衣……

这是教师针对师德——关爱学生进行的反思。教师注意到学生的情绪,并了解学生的实际情况,找出问题出现的原因,使学生的行为发生改变。

四、教学反思视角

关于教学反思,美国学者 Stephen 提及四种视角,即从教师,学生、同事、理论文献四个方面来反思教学。培智学校教师在教学反思中,存在"教师中心主义"的倾向,反思多从教师角度出发,反思自己的教学,而很少站在学生需要的立场上进行反思。

1.自我视角。教师以自我视角进行反思,就等于自我教育,而且心服口服,纠正的速度很快。虽然自我反思是主观的、经验性的、充满教师个人感情色彩的,但这样的反思体现着教师对于教学的独特理解,也会促使教师不断钻研理论知识,用实践不断地去验证,使教师的专业化水平有所提高,不断向研究型教师发展。

2.学生视角。通过学生视角来进行教学反思是获得良好教学效果的前提,了解学生对教学内容的掌握情况,才能有的放矢,确保教学的成功。一般来说,学生课后的情绪、作业的正确程度、后续课中对前一课知识的再现程度,都能反映上一节课的教学效果,也能找出上一节课存在的问题。另外,也可以找不同类型的学生进行访谈,在访谈中直接寻找问题进行反思。在培智学校由于学生的特殊性,只有极少数的教师可以做到和学生就自己的教学进行沟通,无法了解到学生对于学习的切实需要。

3.同事视角。个人的力量与智慧有限,个人思考的深度和广度都不及与同事之间的思维碰撞。当同事指出自己教学中的缺点与不足或互相交流各自对于一些教学理念的见解与看法时,可以使教师从更多的角度更直观地来看待自己的教学实践,拓宽思路和视野,不断提升专业能力。

4.理论视角。教师以理论为依据进行系统的反思,有助于教师结合理论知识进行思考,帮助教师了解自己的思想和行为,给教师清楚地描述个人的教学行为提供理论依据,也可以帮助教师解释许多实践中的疑惑,使教师更理智地看待自己与他人的教学。这种方式能够不受时间和空间的限制,在条件允许的情况下最大限度地获取教育资源。在新的历史时期,教师的教学反思需要与时俱进地在先进理论的指导下展开。

五、教学反思形式

教学反思的形式多种多样,如课后备课、教育日志、教学后记、课堂观摩、案例研究等,总之,要选择适合自己的反思方式,这样才有利于教学反思的进行。

1.课后备课。课后,教师根据教学中所获得的反馈信息,思考本节课探索出哪些教学规律;教法、学法上有何创新;启发学生思维有何新招;重点及难点的突破方式是否得当;课堂训练是否有梯度;教学是否面向全体学生;知识点是否通过迁移训练得到强化等。在梳理之后进行必要的分类与取舍,写出新的教学设计。

2.教育日志。教师在一天的教育教学工作结束后,记录自己的感悟,总结成功的经验和引以为戒的教训;记录与其他同事共同分享的教育教学中存在的优势与不足;记录面向学生、家长、社区工作人员等进行意见征询后获取的信息;记录教育教学的背景、效果,分析存在的问题;记录通过反思后得出的解决办法等。

3.教学后记。教师在教学结束后,针对教学设计与教学实施的过程,进行全面的回顾和小结,记录在教案后面。通常情况下从教学成效、教学创新点、教学成功之处与不足之处、下一步改进措施等几方面来撰写。

4.课堂观摩。校内外教师之间相互观摩彼此的教育教学,详细描述所观察到的情境,并就有关问题相互进行讨论和分析,形成共识,并将形成的共识应用于实际的教育教学中去。

5.案例研究。教学案例是含有问题式疑难情境在内的真实发生的典型事件,案例是教育问题解决的源泉,是教师教学行为提升的阶梯。在案例研究中,教师首先要了解当前教育的大背景,在此基础上,通过学习、观察、调研、收集典型的案例,然后运用新的教育理念对案例做多角度、全方位的解读和思考。

🗂️⭐ 任务实施

人民教育出版社出版的培智学校义务教育实验教科书《生活适应》教学后记撰写案例。

案例 3-17

《常见的水果》这篇课文选自人民教育出版社培智学校义务教育实验教科书《生活适应》一年级下册第二单元第五课。本课时为第二课时,教学目标为认识常见的水果香蕉和橘子,能说出水果的名称形状和颜色以及吃法,能表达自己的意愿,养成良好的饮食卫生习惯。

一、成功之处

1.在课题导入环节中,创设"帮助小猫找水果"的情境,引发学生的兴趣,调动学生参与课堂的积极性与主动性,从而导入"常见的水果"的课题。

2.在呈现新知部分,通过展示实物,让学生通过直观的观察,利用视觉嗅觉味觉等多感官配合,促进学生思维发展,提高学习效率。增加学生动手剥水果的环节,让学生更直观地感知实践,参与活动,获得直接经验。

3.在巩固环节,运用"找水果比赛"的游戏形式,在学生渐渐疲惫的状态时集中学生注意力,引起学习兴趣,加深对所学知识的理解。

4.在试吃香蕉环节,出现香蕉坏了的突发情况,灵活应对告诉小朋友坏了的香蕉不能吃,应该丢到垃圾桶。

二、不足之处

1.教学时间把握不够准确,教学语言不够精练,表达不够准确,从而导致教学时,学生不能准确接收信息,得不到很好的信息反馈。

2.教学评价方式单一,对学生的奖励较少,不太利于激励特殊儿童。

三、改进措施

1.通过观摩优秀教师的课堂和微格教学,不断学习教学技巧,提升专业技能,掌握更多专业理论知识,形成自己独特的教学风格。准确把握教学各环节的时长,锤炼教学语言。

2.在教学评价时,注意点评学生的具体行为,丰富评价的语言,如"你的想法很特别哦!""你的发音越来越标准了!"等,多方面鼓励学生,引导学生敢于表达、准确表达,使学生善于思考问题,解决问题。

3.多去听其他的教师讲课,虚心向他人请教,学习借鉴优秀的教学方法。

案例3-18

《刷牙》选自2019年人民教育出版社出版的培智学校义务教育实验教科书《生活适应》三年级上册第二单元。本课时为第一课时,教学目标为建立刷牙的概念,认识水杯、牙刷、牙膏、毛巾,知道这些物品是刷牙所用到的物品,并且能够做好刷牙前的准备,比如能够接好水,挤好牙膏。

一、教学成效

《刷牙》这一课题与个人生活息息相关,本课是认识刷牙所用到的物品,能够做好刷牙前的准备,能够说出刷牙所用到的物品名称,并且能够较好地进行操作,本节课的教学任务完成,教学目标达成,全体学生都能参与到课堂活动中来。

二、成功之处

1.引用学生喜欢看的小猪佩奇动画片来导入《刷牙》这一课题,提高学生积极性,激发学生兴趣。

2.新授环节采用"闯关赢奖励"的游戏活动,来激励学生学习,学生学习认真,闯关积极性高,顺利完成学习任务;本课学习内容中包含精细动作练习,需要挤牙膏,为解决这一问题,采用视频示范、动作展示、动手操作等手段,学生通过观察、模仿、练习等,来掌握动作技能,突破教学重难点。

3.巩固练习环节创设"我是小小采购员"的情境,增强学生自信心;同时让学生练习做好刷牙前的准备来巩固所学知识,为下次课的教学做好了准备。

4.达到了预先设计的三维教学目标,学生能够正确辨认刷牙所用到的物品,并在教学过程中,挖掘教学内容中蕴含的情感态度价值观适时渗透,比如节约用水、摆放好物品等,引导学生做一个爱干净、讲卫生的好学生。

5.依据大多数同学都能生活自理的学情来设计教学,教学思路层次分明,板书设计简洁明了,条理清楚。

6.教态自然,能够和学生积极互动。

三、不足之处

1.教学用语重复,不够简洁,有时提出的问题不符合学生的认知特征,不便于学生的理解。

2.教学评价语言单一,对学生的奖励较少,不太利于激励特殊儿童。

3.教学过程中学生出现了一些课堂行为问题,在管理上存在处理能力不足的问题。

4.在学生回答问题或巩固练习过程中容易忽视讲台下的学生。

四、改进措施

1.加强自身学习,不断提高专业理论知识。

2.通过观摩优秀教师的课堂和微格教学,不断提升教学技巧。

3.与其他教师相互学习取长补短,虚心向他人请教,不断反思自己,提升自专业素养。

4.加强对班级学生的了解,多与班主任进行沟通,多观察学生,关注不同能力水平学生的需求。

案例 3-19

《注意饮食安全》选自人民教育出版社培智学校义务教育实验教科书《生活适应》四年级上册第 3 课。本课时为第一课时,教学目标为知道要吃新鲜的食物,不吃腐烂、发霉变质的食物;能分辨食物是否新鲜;形成饮食安全意识。

一、教学成效

本节课中教师主要带领学生观察了生活中常见的一些食物,让学生知道食物要吃新鲜的,变质的水果吃了有危害,且了解了有哪些表现代表了水果变质了,在讲授过程中教师充分运用了多样化的教具辅助教学,在教学过程中积极发挥教师主导作用,引导学生积极参加课堂。本节课学生参与的程度较高,达到预设目标。

二、成功之处

1.目标合理,落实到位。本课时根据教材、课标再结合学生实际情况,制订了合理的教学目标,并以教学目标为主线串联起各个教学活动,通过观察日常能看见的以及大家喜欢的食物把学生带入课堂,给不同层次的学生提不同的要求,让每一位学生都能参与到课堂中来。

2.来源生活,提升生活。本课的教学紧密联系学生的生活实际,结合学生生活中最重要的饮食方面来进行切入,既能够让学生有亲身经历的体验感,也让学生的语言表达能力得到进一步提升。

三、不足之处

1.上课时语速有点快,部分语言差的学生难以跟上,对于 C 层的学生关注较少。

2.由于对于学情的分析不够细致,学生的先备知识掌握情况不够了解,导致的布置任务针对性还不强,没有做到让能力强的学生有所突破。

3.准备工作还是不够充分,面对突发情况不能有效解决,奖励不够及时,课堂时间分配欠合理。

四、改进措施

1.课堂教学前先充分了解学情及先备知识,要详细掌握学生情况,做好课堂可能发生突发情况的准备,与家长沟通好,争取家长的配合,要关注到每一个学生,让学生有互帮互助的意识。

2.进一步完善学教学过程,及时鼓励学生,注意每一部分内容的时间安排。

实训任务

请结合自身的教学实践经历,撰写一篇教学反思,形式不限。

参考文献

［1］中华人民共和国教育部.培智学校义务教育课程设置实验方案［EB/OL］.2018.

［2］中华人民共和国教育部.培智学校义务教育生活适应课程标准（2016 年版）［S］.北京：人民教育出版社.2018.

［3］卢燕云.《培智学校义务教育生活适应课程标准》解读［J］.现代特殊教育,2017（3）：13-16.

［4］穆颖.生活适应教材编写中需厘清的几个基本问题［J］.现代特殊教育,2018（17）：31-34.

［5］黄富廷.启智教学活动设计［M］.新北：心理出版社,2012.

［6］钮文英.启智教育课程与教学设计［M］.新北：心理出版社,2003.

［7］昝飞,张琴.特殊儿童的问题行为干预——实例与解析［M］北京：中国轻工业出版社,2015.

［8］赵加琛,张成菊.学案教学设计［M］.北京：中国轻工业出版社,2013.

［9］彭晓明,郑东辉.课堂教学技能训练［M］.北京：高等教育出版社,2020.

［10］陈云英.智力落后课程与教学［M］.北京：高等教育出版社,2007.

［11］严文法.教学设计能力实训［M］.北京：高等教育出版社,2019.

［12］皮连生,刘杰.现代教学设计［M］.北京：首都师范大学出版社,2016.

［13］徐英俊,曲艺.教学设计：原理与技术［M］.北京：教育科学出版社,2020.

［14］燕良轼.高等教育心理学［M］.湖南：湖南师范大学出版社,2021.

［15］胡弼成.高等教育学［M］.湖南：湖南师范大学出版社,2021.

［16］常英华.教师教学反思的意义、内涵及实践路径［J］.教育理论与实践,2023(28)：41-45.

［17］李梦瑶.培智学校教师教学反思现状研究—以某培智学校为例［D］.辽宁师范大学,2016.